HISTOIRE
ANCIENNE
DE
ROLLIN.

10.

LAGNY. — Imprimerie D'A. LE BOYER et Cie.

HISTOIRE
ANCIENNE
DE
ROLLIN.

NOUVELLE ÉDITION,

ENRICHIE D'UNE NOTICE SUR ROLLIN.

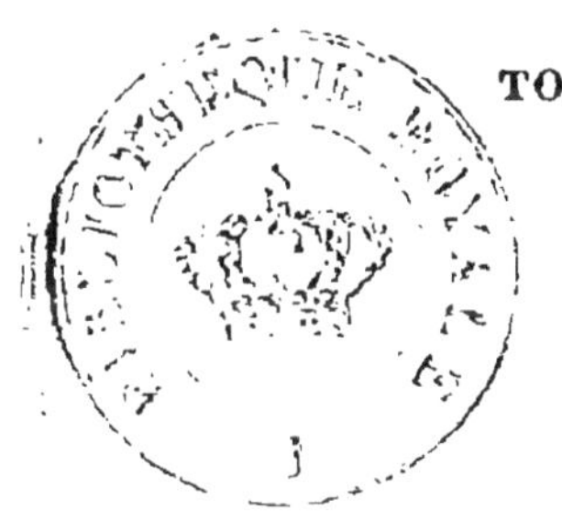

TOME DIXIÈME.

PARIS,

CHEZ PHILIPPE, LIBRAIRE,

RUE FURSTEMBERG, N° 8.

—

1835.

HISTOIRE ANCIENNE
DES ÉGYPTIENS,
DES CARTHAGINOIS, DES ASSYRIENS, DES BABYLONIENS, DES MÈDES ET DES PERSES.
DES MACÉDONIENS ET DES GRECS.

Suite de l'histoire des Perses et des Grecs.

§ X. (Suite.)

Achradine, située entièrement sur le bord de la mer, et tournée vers l'orient, était de tous les quartiers de la ville le plus spacieux, le plus beau et le plus fortifié.

Tyque, ainsi appelée du temple de la fortune, qui ornait cette partie, s'étendait le long de l'Achradine au couchant, depuis le septentrion vers le midi. Elle était fort habitée. Elle avait une porte célèbre nommée Hexapyle, qui conduisait dans la campagne, et elle était située au septentrion de la ville.

Épipole était une hauteur hors de la ville, et qui la commandait; elle était située entre Hexapyle et la pointe d'Eurycèle, vers le septentrion et le couchant; elle était en plusieurs endroits fort escarpée, et par cette raison, d'un accès fort difficile. Lors du siège dont nous parlons, elle n'était point fermée de murailles : les Syracusains la gardaient avec un corps de troupes contre les attaques des ennemis. Euryèle était l'entrée et le passage qui conduisait à Epipole. Sur la même hauteur d'Epipole était un fort nommé Labdale.

Ce ne fut que long-temps après, sous Denys le tyran, qu'Épipole fut environnée de murs, et enfermée dans la ville, dont elle fit une cinquième partie, mais qui était peu habitée. On y en avait déja ajouté une quatrième, appelée Néapolis, c'est-à-dire Ville-Neuve, qui couvrait Tyque.

La rivière Anape coulait à une petite demi-lieue de la ville. L'espace qui les séparait était une belle et grande prairie, terminée par deux marais, l'un appelé *Syraco*, qui avait donné son nom à la ville; et l'autre, *Lysimélie*. Cette rivière allait se rendre dans le grand port. Près de l'embouchure, vers le midi, était une espèce de château appelé *Olympie*, à cause du temple de Jupiter Olympien qui y était, et où il y avait de grandes richesses. Il était à cinq cents pas de la ville.

Syracuse avait deux ports tout près l'un

de l'autre, et qui n'étaient séparés que par l'île : le grand et le petit, appelé autrement *Lacus*. Selon la description qu'en fait l'orateur romain, ils étaient l'un et l'autre environnés des édifices de la ville.

Le grand avait de circuit un peu plus de cinq mille pas, ou de deux lieues. Il avait un golfe appelé *Dascon*. L'entrée de ce port n'avait que cinq cents pas de large : elle était formée, d'un côté, par la pointe de l'île Ortygie, et de l'autre, par la petite île et par le cap de Plemmyre, qui était commandé par un château de même nom.

Au-dessus de l'Achradine était un troisième port, nommé *le port de Trogile*.

XVIIe année de la guerre.

§ XII. Sur la fin de l'été, Nicias eut nouvelle que les Syracusains, ayant repris courage, se disposaient à venir l'attaquer les premiers. Déja leur cavalerie s'avançait avec insolence pour l'insulter jusque dans son camp, et lui demandait avec de grandes risées s'il était donc venu en Sicile pour s'établir à Catane. De si piquans reproches le réveillèrent un peu : il résolut de faire voile vers Syracuse. L'entreprise était hardie et périlleuse. Il ne pouvait, sans un extrême danger, tenter le débarquement en présence d'un ennemi qui les attendait de pied ferme, et qui ne manquerait pas de les attaquer à la descente avec toutes ses forces. Il n'y avait pas plus de sûreté à faire avancer ses troupes par terre, parce que, n'ayant point de cavalerie, celle des Syracusains, qui était nombreuse, au premier bruit de leur marche leur tomberait sur les bras, et les accablerait.

Pour se tirer d'embarras, et se mettre en état de s'emparer sans obstacle d'un poste avantageux qui lui avait été désigné par un banni de Syracuse, Nicias usa de stratagème. Il fit donner un faux avis aux ennemis, que, moyennant un complot qui devait éclater un certain jour, ils pourraient s'emparer de son camp et se rendre maîtres de toutes les armes et de tout le bagage. Les Syracusains, sur cette assurance, marchèrent vers Catane, et se vinrent camper sur les terres de Léonte. Dès que les Athéniens en eurent avis, ils s'embarquèrent avec toutes leurs munitions et toutes leurs troupes, et tirèrent sur le soir vers Syracuse. Ils arrivèrent au point du jour dans le grand port et prirent terre près d'Olympie, à l'endroit qu'on leur avait enseigné, et s'y retranchèrent. Les ennemis se voyant honteusement trompés, s'en retournèrent tout court à Syracuse ; et pleins de dépit, ils se mirent en bataille quelques jours après devant les murailles de la ville. Nicias sortit de ses retranchemens, et l'on en vint aux mains. La victoire fut longtemps en balance ; mais une grande pluie, accompagnée d'éclairs et de tonnerre, étant survenue, les Syracusains, qui étaient sans expérience, et dont le plupart faisaient alors le premier essai de leurs armes, furent étonnés et intimidés de cet orage, tandis que les autres s'en moquaient comme d'un effet de la saison, et ne considéraient autre chose que l'ennemi, qui était bien plus à craindre que l'orage. Après une longue et vigoureuse résistance les Syracusains furent obligés de plier. On ne put pas les poursuivre fort loin, à cause que leur cavalerie, qui était entière et n'avait point été battue, ouvrit leur retraite. Ils rentrèrent en bon ordre dans la ville, après avoir jeté des troupes dans le temple d'Olympie pour en empêcher le pillage.

Ce temple était assez près du camp des Athéniens, qui auraient bien voulu s'en rendre maîtres, parce qu'il était plein d'offrandes d'or et d'argent, que la religion des rois et des peuples y avait consacrées. Nicias, ayant différé d'y envoyer des troupes pour s'en saisir, en perdit l'occasion, et donna le temps aux Syracusains d'y faire passer, comme on vient de le dire, un détachement pour le défendre. On croit qu'il le fit à dessein et par respect pour les dieux, parce que, les soldats venant à piller ce temple, le public n'en aurait tiré aucun profit, et le sacrilège serait retombé sur lui seul.

Après le combat, les Athéniens, qui ne se trouvaient pas encore en état d'attaquer Syracuse, se retirèrent sur leur flotte à Naxe et à Catane pour y prendre leurs quartiers d'hiver, dans le dessein de revenir au commencement du printemps pour former le siège. Ils avaient besoin pour cela d'argent, de vivres et surtout de cavalerie, qui leur manquait absolument. Ils comptaient tirer une partie de ces secours des peuples de Sicile, qu'ils espéraient que la nouvelle de leur victoire ferait bientôt passer dans leur parti; et ils envoyèrent en même temps à Athènes pour y solliciter les mêmes secours. Ils recherchèrent aussi l'alliance de Carthage, et députèrent vers quelques villes d'Italie situées sur les côtes de la mer de Toscane, qui leur avaient promis de les secourir.

A Syracuse, on ne perdit point espérance. Hermocrate, celui de leurs chefs qui se distinguait le plus par sa valeur, son bon sens et son expérience, leur représenta, pour rassurer les esprits, qu'on n'avait pas manqué de courage, mais de conduite; que l'ennemi, quoique brave, devait plutôt sa victoire à son bonheur qu'à son mérite; que la multitude des chefs, qui est toujours suivie de peu d'ordre et d'obéissance, leur avait nui (ils étaient au nombre de quinze); qu'il faillait choisir des généraux expérimentés pour contenir le reste dans la discipline, et bien exercer les troupes pendant tout l'hiver. Cet avis ayant été suivi, il fut élu général avec deux autres; après quoi l'on dépêcha à Corinthe et à Lacédémone, tant pour renouveler l'alliance que pour les engager à faire diversion, afin d'obliger les Athéniens, s'il se pouvait, de rappeler leurs troupes de Sicile, ou de les empêcher au moins d'y envoyer du renfort. Leur principale application fut de fortifier Syracuse. Ils enfermèrent dans la ville, par un mur, tout le terrain qui regarde Epipole, depuis l'extrémité septentrionale de Tyque, en descendant du côté de l'occident vers la partie appelée depuis Néapolis, afin d'éloigner davantage l'ennemi, et de lui rendre la contrevallation plus difficile, en l'obligeant de lui donner plus d'étendue. Cet endroit avait apparemment été négligé, parce qu'il paraissait se défendre soi-même par sa situation inégale et escarpée. Ils mirent aussi garnison dans Mégare et dans Olympie, et plantèrent des pieux sur le bord de la mer partout où la descente paraissait facile. Ensuite, ayant su que les Athéniens étaient à Naxe, ils allèrent brûler le camp de Catane, et se retirèrent après avoir fait le dégât aux environs.

Les ambassadeurs de Syracuse, étant arrivés chez les Corinthiens, leur demandèrent du secours, comme à leurs fondateurs, qui leur fut aussitôt accordé avec une ambassade vers les Lacédémoniens pour les faire déclarer en leur faveur. Alcibiade appuya leur demande de tout son crédit et de toute son éloquence, à laquelle son ressentiment contre Athènes ajoutait une nouvelle force. Il conseilla et persuada aux Lacédémoniens d'envoyer Gylippe pour général en Sicile, et d'attaquer de leur côté les Athéniens pour faire une puissante diversion : en troisième lieu, il les porta à fortifier Décélie dans l'Attique ; ce qui acheva de perdre et de ruiner la ville d'Athènes, qui ne put jamais s'en relever : car ce fort rendit les Lacédémoniens maîtres de la campagne ; de sorte que les Athéniens ne pouvaient plus jouir de leurs mines d'argent de Laurium, ni des revenus de leurs terres, ni être secourus par leurs voisins, Décélie étant devenue l'asile de tous les mécontens et de tous les partisans de Sparte.

(Av. J.-C. 414.) Nicias avait reçu quelque secours d'Athènes. Il consistait en deux cent cinquante cavaliers, à qui l'on avait supposé que la Sicile fournirait des chevaux (ils en avaient simplement apporté l'équipage), et en trente archers à cheval, avec trois cents talens, c'est-à-dire trois cent mille écus. Il commença donc à se mettre en mouvement. On l'accusait de manquer souvent l'occasion d'agir en perdant le temps à force de raisonner, de différer et de se précautionner; mais quand il entrait en action, il était aussi vif et aussi ardent à exécuter qu'il avait été timide et lent à entreprendre, comme il le fit voir ici.

Ceux de Syracuse, ayant appris qu'il était arrivé de la cavalerie aux Athéniens, et qu'ils en viendraient bientôt assiéger leur ville, et sachant qu'ils n'en pouvaient approcher ni faire de contrevallation s'ils ne se rendaient maîtres de la hauteur d'Epipole, qui commandait Syracuse, ils résolurent d'en garder l'avenue, qui était le seul passage par où l'on pût y arriver, tout le reste étant ascarpé et inaccessible. Etant donc descendus dans la prairie qui borde la rivière d'Anape, et y ayant fait la revue de leurs troupes, ils choisirent sept cents hommes d'infanterie sous le commandement de Diomile, pour garder ce poste important, avec ordre de s'y rendre au premier signal qu'on leur en donnerait. Nicias ne leur en laissa pas le loisir, tant il conduisit son dessein avec prudence, promptitude et secret. Il partit de Catane avec toute sa flotte sans que les ennemis en eussent le moindre soupçon. Etant arrivé au port de Trogile, près de Léonte, qui n'est éloigné d'Epipole que d'un bon quart de lieue (six ou sept stades), il fit mettre à terre ses troupes de débarquement, puis se retira avec sa flotte à Thapse, petite péninsule près de Syracuse, dont il ferma l'entrée avec une estacade.

Les troupes de terre coururent se saisir d'Epipole, en montant par Euryèle, avant que les ennemis qui étaient dans la prairie d'Anape, éloignée de plus d'une lieue, eussent rien appris de leur arrivée. Au premier bruit, les sept cents hommes de Diomile accoururent en désordre, et furent aisément battus; il en demeura trois cents sur la place avec leur chef. Les Athéniens, après avoir érigé un trophée, bâtirent un fort à Labdale, sur le sommet d'Epipole, pour y renfermer et y mettre en sûreté leur bagage et ce qu'ils avaient de plus précieux, lorsqu'il faudrait en venir aux mains ou travailler à la contrevallation.

Peu de temps après les habitans d'Egeste envoyèrent aux Athéniens trois cents cavaliers, et quelques alliés de Sicile y en ajoutèrent cent autres; ce qui, avec les deux cent cinquante qu'Athènes avait envoyés auparavant, et qui s'étaient fournis de chevaux dans le pays, faisait six cent cinquante hommes de cavalerie.

Le plan de Nicias pour prendre Syracuse était d'environner toute la ville, du côté de la terre, d'une bonne contrevallation, qui couperait aux assiégés toute communication avec les troupes de dehors, espérant sans doute être ensuite en état d'empêcher, par le moyen de sa flotte, qu'on ne pût y faire entrer par mer ni secours ni vivres.

Ayant laissé une garnison à Labdale, il descendit de la hauteur, s'avança vers l'extrémité septentrionale de Tyque; et, s'y étant arrêté, il employa toute l'armée à construire un mur de contrevallation pour enfermer la ville du côté du nord, depuis Tyque jusqu'à Trogile, situé sur le bord de la mer. L'ouvrage s'avança avec une rapidité qui effraya les Syracusains. Ils crurent devoir s'y opposer, et firent quelques sorties et quelques attaques, qui leur réussirent toujours mal : leur cavalerie même fut mise en déroute. Le lendemain de l'action, la contrevallation du côté du nord fut continuée par une partie de l'armée, pendant que l'autre portait des pierres et des matériaux vers Trogile pour l'achever.

Les assiégés, sur l'avis d'Hermocrate, jugèrent à propos de ne plus hasarder de combat contre les Athéniens, et ne songèrent qu'à empêcher, ou du moins à rendre inutiles leurs ouvrages, en construisant eux-mêmes de leur côté un mur qui coupât le terrain par où les Athéniens devaient conduire le leur. Ils jugeaient que, si l'on ne troublait point leur travail, et qu'on leur laissât achever le mur, les Athéniens ne pourraient pas passer outre; ou que, s'ils venaient pour les empêcher, il suffirait aux Syracusains de leur opposer une partie de leurs troupes, après avoir pris la précaution de fermer les avenues les plus accessibles par de bonnes palissades, et que les Athéniens au contraire seraient obligés de faire venir toutes leurs forces et d'abandonner absolument le travail.

Ils sortirent donc, et, travaillant avec

toute l'ardeur possible, ils commencèrent à construire un mur; et, pour en faciliter le travail, ils le couvrirent par une bonne palissade, et le flanquèrent de tours de bois d'espace en espace, afin de le pouvoir défendre. Les Athéniens les laissèrent travailler tranquillement sans les troubler, parce que s'ils n'avaient mené contre eux qu'une partie de leurs troupes, ils auraient été trop faibles, et que pour les y mener toutes, il aurait fallu interrompre leurs travaux; ce qu'ils ne voulaient pas faire. L'ouvrage étant achevé, les Syracusains y laissèrent un corps de troupes pour défendre la palissade et garder le mur, après quoi ils rentrèrent dans la ville.

Cependant les Athéniens coupèrent les canaux qui conduisaient de l'eau dans la ville; et voyant que les soldats Syracusains qui avaient été laissés pour garder le mur s'acquittaient assez mal de leur devoir, les uns rentrant sur le midi dans la place ou dans leurs tentes, et les autres faisant très mauvaise garde, ils détachèrent pour l'attaque de ce poste trois cents soldats choisis et quelque infanterie légère, pendant que le reste de l'armée marcha vers la ville pour empêcher le secours. Les trois cents soldats, ayant forcé la palissade, poursuivirent ceux qui la gardaient jusqu'à la porte du mur de la ville qui couvrait le Téménite, où étant entrés pêle-mêle avec eux, ils furent repoussés par les habitans avec perte. Toute l'armée ensuite démolit le mur, arracha les palissades du retranchement, et les emporta.

Après cet heureux succès, qui laissait les Athéniens maîtres du côté du nord, ils entreprirent dès le lendemain un nouveau travail encore plus important, et qui devait achever la clôture de la ville : c'était de construire du côté du couchant un mur, depuis les hauteurs d'Epipole, à travers la plaine et le marais, jusqu'au grand port. Pour l'empêcher, les assiégés, recommençant la même manœuvre qu'ils venaient de faire de l'autre côté, tirèrent de la ville au travers du marais un fossé revêtu de palissade, pour empêcher les Athéniens de pousser leur contrevallation jusqu'à la mer. Mais ceux-ci, après avoir achevé la première partie du mur sur la hauteur d'Epipole, prirent la résolution de faire l'attaque du fossé revêtu. Pour cet effet, ils donnent ordre à leur flotte de se rendre de Thapse au grand port de Syracuse; car jusque-là elle était toujours restée dans cette petite rade, et les assiégés avaient toujours la mer libre; ce qui obligeait les assiégeans à faire venir leurs convois de Thapse par terre. Les Athéniens descendirent donc d'Epipole dans la plaine avant la pointe du jour, et, jetant des ais et des portes à l'endroit où le marais était simplement boueux et plus ferme qu'ailleurs, ils emportèrent incontinent après la plus grande partie du fossé revêtu de palissades, et le reste ensuite, après avoir eu l'avantage du combat; car les ennemis lachèrent le pied et se retirèrent, ceux de la droite vers la ville, et les autres du côté de la rivière. Trois cents Athéniens d'élite voulant couper à ceux-ci le passage, coururent vers le pont; mais la cavalerie ennemie, qui y était en bataille pour la plus grande partie, les repoussa, vint fondre ensuite sur l'aile droite des Athéniens, et mit les premiers bataillons en désordre. Ce que Lamachus ayant aperçu de l'aile gauche où il commandait, il y accourut avec les Argiens et quelques archers; mais ayant franchi un fossé, et se trouvant abandonné de ses troupes, il y fut tué avec cinq ou six qui l'avaient suivi. Les ennemis transportèrent aussitôt leurs corps au-delà de la rivière, et, voyant venir le reste de l'armée, se retirèrent.

Dans le même temps leur aile droite, qui était retournée vers la ville, reprit courage par le succès, et se vint mettre en bataille devant les Athéniens, après avoir détaché quelques troupes pour attaquer le fort bâti sur la hauteur d'Epipole, qui servait de dépôt aux ennemis, et qu'on croyait sans défense. Elles forcèrent un retranchement qui couvrait le fort; mais Nicias le sauva. Il était resté malade dans ce fort, et était actuellement dans son lit, sans avoir auprès de lui que ses domestiques. Animé par le danger même et par la présence de l'ennemi, il fait un effort; il se lève, et ordonne à ses gens de mettre promptement le feu à tout le bois qui était entre le retranchement et le fort pour les machines, et aux machines mêmes. Cet incendie inopiné arrêta les Syracusains, sauva Nicias, le fort et toutes les richesses des Athéniens; car ceux-ci accoururent d'en bas au secours. Dans le même temps, on vit entrer la flotte dans le grand port, comme l'ordre en avait été donné. Ce que les Syracusains ayant aperçu d'en haut, et craignant d'être pris par derrière et accablés par les troupes de débarquement, ils se retirèrent et rentrèrent dans la place avec toutes leurs forces, désespérant, après la perte qu'ils venaient de faire de leur fossé revêtu de palissade, de pouvoir empêcher que la contrevallation ne fût poussée jusqu'à la mer.

Cependant les Athéniens, qui s'étaient contentés de construire un simple mur dans les hauteurs d'Épipoie, et au travers des endroits escarpés et de difficile accès, étant descendus dans la plaine, commencèrent à élever au pied des hauteurs un double mur qui devait être prolongé jusqu'à la mer; savoir un mur de contrevallation contre les assiégés, et un autre mur de circonvallation contre les troupes syracusaines du dehors, et contre celles des alliés qui pouvaient venir au secours de la ville.

Depuis ce jour, Nicias, qui était resté seul général, conçut de grandes espérances; car plusieurs peuples de Sicile, qui jusque-là n'avaient point encore pris de parti, vinrent se joindre à lui, et de tous côtés il lui arrivait des vaisseaux chargés de provisions pour son armée, chacun s'empressant de se déclarer en sa faveur, parce que ses affaires avaient pris le dessus, et qu'il avait eu en tout un bonheur extraordinaire. Déja même les Syracusains, se trouvant bloqués par terre et par mer, et n'espérant plus de pouvoir défendre leur ville, lui faisaient des propositions d'accommodement. Gylippe, qui venait de Lacédémone à leur secours, ayant appris en chemin l'extrémité où ils étaient réduits, et croyant toute l'île perdue, continua sa route, non plus dans le dessein de défendre la Sicile, mais pour conserver aux peuples d'Italie les villes qu'ils y avaient, s'il en était encore temps, et si cela était possible; car la renommée avait répandu de tous côtés que les Athéniens étaient déja maîtres de tout, et qu'ils avaient à leur tête un capitaine que sa prudence et son bonheur rendaient invincible. Nicias lui-même, devenu, contre son naturel, plein de confiance en ses forces et enflé par ses heureux succès, persuadé d'ailleurs, par les nouvelles secrètes qu'il avait tous les jours de Syracuse et par les gens qu'on lui envoyait, qu'incessamment il allait avoir la ville par composition, ne fit aucun compte de l'approche de Gylippe, et ne prit aucune précaution pour l'empêcher d'aborder, surtout depuis qu'il eut appris qu'il avait fort peu de vaisseaux avec lui; et il le traitait de corsaire et de pirate, qui ne méritait pas qu'on s'en mît en peine. Un bon général doit bien se donner de garde de relâcher ses soins et sa vigilance dans les bons succès, la moindre négligence étant capable de tout ruiner: que Nicias eût envoyé le plus petit détachement pour s'opposer à l'approche de Gylippe, il était maître de Syracuse, et tout était fini.

XIXe année de la guerre.

§ XIII. Les ouvrages de Athéniens étaient presque entièrement achevés, et ils avaient tiré un double mur de la longueur de près d'une demi-lieue le long de la plaine et du marais vers le grand port, et il s'en fallait peu qu'ils n'y fussent arrivés; il ne restait plus aussi du côté de Trogile qu'une petite partie du mur à achever. Syracuse était donc près de sa ruine, et se voyait sans ressource, n'étant point en état de résister par elle-même aux ennemis, et n'espérant plus de secours. Ainsi l'on résolut de se rendre. On convoqua l'assemblée pour régler les articles de la capitulation qu'on devait présenter à Nicias; et plusieurs étaient d'avis qu'on hâtât la conclusion de cette affaire avant que la ville fût entièrement enfermée.

C'est dans ce moment-là même, et dans l'extrémité la plus pressante, qu'un officier, nommé *Gongyle*, arrive de Corinthe sur une galère à trois rangs de rames. A son arrivée toute la ville s'assemble en foule autour de lui. Il déclare à haute voix que Gylippe arrive incessamment, et qu'il est suivi de plusieurs autres galères qui viennent à leur secours. Les Syracusains étonnés, ou plutôt étourdis de cette nouvelle, n'osent y ajouter foi. Pendant qu'ils étaient ainsi flottans et incertains, survient un courrier de Gylippe, qui leur annonce sa venue, et leur ordonne de sortir avec toutes leurs troupes au-devant de lui. Lui-même, après avoir pris en passant un fort, marcha en bataille droit à Épipole, et étant monté par Euryèle, comme avaient fait les Athéniens, il se mit en état de les attaquer par dehors, pendant que les Syracusains les attaqueraient de leur côté avec les forces de Syracuse et les siennes. Les Athéniens, surpris de sa venue plus qu'on ne peut le dire, se rangèrent en bataille sous leurs murs, à la hâte et avec peu d'ordre. Pour lui, mettant bas les armes quand il fut proche, il leur envoya dire par un héraut qu'il leur donnait cinq jours pour sortir de la Sicile. Nicias ne daigna pas faire la moindre réponse à une telle proposition. Quelques-uns des soldats, se mettant à rire, demandèrent au héraut « si la présence d'une cape lacédémonienne et d'un méchant bâton pouvait apporter quelque changement à l'état présent de la ville. » On se prépara donc de part et d'autre.

Gylippe emporta d'assaut le fort de Labdale, où il fit main-basse sur tout ce qui y était. Le même jour, une galère athénienne fut prise en entrant dans le port; ensuite les assiégés tirèrent un mur en montant de la ville vers Épipole, pour couper le mur simple des Athéniens vers l'extrémité, et leur ôter toute communication avec les troupes postées dans les retranchemens qui environnaient la ville du côté du nord, vers Tyque et vers Trogile. Les Athéniens, après avoir achevé le mur qui allait jusqu'à la mer vers le grand port, étaient remontés sur les hauteurs. Gylippe, ayant remarqué que dans le mur simple bâti par les Athéniens sur les hauteurs d'Epipole il y avait un endroit plus faible et plus bas que les autres, y marcha de nuit avec ses troupes ; mais ayant été découvert par les Athéniens qui campaient dehors, il fut contraint de se retirer, les voyant venir droit à lui. Ils rehaussèrent le mur, et se chargèrent de le garder eux-mêmes, après avoir distribué leurs alliés dans les postes du reste du retranchement.

Nicias, de son côté, trouva à propos de fortifier le cap de Plemmyre, qui, s'avançant dans la mer, étrécissait l'embouchure du grand port; et son dessein était de faciliter les convois de vivres et des autres choses nécessaires; parce que les Athéniens, en occupant ce poste, s'approchaient du petit port, où étaient les principales forces navales de Syracuse, et se mettaient en état d'en mieux observer tous les mouvemens, et que d'ailleurs, ayant toute la liberté de la mer, ils ne seraient pas réduits à tirer toute leur subsistance du fond du grand port, comme cela arriverait nécessairement si les ennemis, se rendant maîtres de l'entrée, les forçaient à se tenir renfermés dans le port de la même manière qu'ils l'étaient actuellement; car, depuis l'arrivée de Gylippe, Nicias n'avait plus d'espérance que du côté de la mer. Faisant donc passer là sa flotte et une partie de ses troupes, il y bâtit trois forts, à la faveur desquels les bâtimens demeuraient à l'ancre; de sorte qu'il y renferma une grande partie du bagage et des munitions. Ce fut alors que les gens de mer souffrirent beaucoup; car, comme il fallait aller loin au bois et à l'eau, ils étaient investis par la cavalerie des ennemis, dont le tiers était posté à Olympie pour empêcher la garnison de Plemmyre de sortir, et était maître de la campagne. Nicias, ayant appris que la flotte de Corinthe arrivait, envoya contre elle vingt galères, avec ordre d'observer les ennemis du côté de Locres et de Rhège, et des autres avenues de la Sicile.

Cependant Gylippe, se servant des pierres mêmes que les Athéniens avaient amassées pour leur usage, continuait de bâtir le mur que les Syracusains avaient commencé de conduire au travers d'Epipole, et se mettait tous les jours devant en bataille, comme les Athéniens le faisaient aussi de leur côté. Lorsqu'il vit le temps propre pour donner, il commença le combat dans l'espace qui était entre les deux murailles. La situation étroite du lieu ayant rendu sa cavalerie et ses gens de trait inutiles, il eut du désavantage. Les Athéniens dressèrent un trophée. Gylippe, pour ranimer ses troupes, en leur rendant justice, eut le courage de prendre sur lui le reproche du mauvais succès, et de leur déclarer hautement que sa défaite n'était pas arrivée par leur faute, mais par la sienne, parce qu'il les avait fait combattre dans un lieu trop serré. Il leur promit de leur donner bientôt occasion de rétablir leur honneur et le sien; et en effet, le lendemain, après les avoir exhortés à bien soutenir leur ancienne réputation, il les mena contre l'ennemi. Nicias, voyant que, quand il n'aurait pas envie de donner bataille, il faudrait nécessairement empêcher les ennemis de continuer leur mur au-delà de la contrevallation, dont ils étaient déja fort proche, parce qu'autrement c'était leur accorder une victoire certaine, marcha contre les Syracusains. Gylippe fit avancer ses troupes au-delà de l'endroit où de part et d'autre finissaient les murs, afin d'avoir plus d'espace pour s'étendre, et chargeant l'aile gauche des ennemis avec sa cavalerie, il la mit en fuite, et bientôt après renversa l'aile droite. On voit ici ce que peuvent l'expérience et l'habileté d'un grand capitaine; car Gylippe, avec les mêmes hommes, les mêmes armes, les mêmes chevaux, les mêmes lieux, en changeant seulement son ordonnance de bataille, défit les Athéniens et les mena battant jusque dans leur camp. La nuit suivante, les vainqueurs poussèrent leur mur au-delà de la contrevallation des Athéniens, et par là leur ôtèrent toute espérance de pouvoir les enfermer.

Après cet heureux succès, les Syracusains, à qui la flotte de Corinthe était arrivée sans avoir été aperçue de celle d'Athènes, reprirent courage, armèrent plusieurs galères, et, sortant en campagne avec leur cavalerie et d'autres troupes, firent beaucoup de prisonniers. Ils députèrent à Lacédémone et à Corinthe pour faire venir du renfort. Gylippe alla lui-même par toutes les villes de Sicile pour les solliciter de se joindre à lui, et il en gagna la plus grande partie, qui lui donnèrent de puissans secours. Nicias, voyant que ses forces diminuaient tous les jours, et que celles des ennemis augmentaient, recommença à perdre courage; et non content d'envoyer aux Athéniens des gens pour leur représenter l'état des choses, il leur écrivit lui-même très fortement. Je rapporterai ici sa lettre en entier, parce qu'elle expose très nettement l'état où étaient les affaires à Syracuse, et que d'ailleurs elle peut servir de modèle pour ces sortes de relations.

« Athéniens, je vous ai déja informés par plusieurs dépêches de ce qui se passait ici; mais il est nécessaire que vous sachiez l'état présent des affaires pour y donner ordre. Après que nous avons remporté l'avantage dans plusieurs combats, et que nous avons presque achevé notre contrevallation, Gylippe est entré dans Syracuse avec des troupes de Lacédémone et de Sicile, et ayant été battu la première fois, a été victorieux la seconde par le moyen de sa cavalerie et de ses gens de trait. Nous demeurons donc renfermés dans nos retranchemens sans oser rien entreprendre, ni pouvoir achever notre contrevallation, à cause des forces supérieures des ennemis : car une partie de nos soldats sont occupés à garder nos forts ; de sorte que nous ne pouvons pas nous servir de toutes nos troupes dans un combat. D'ailleurs, comme les Syracusains ont coupé nos lignes par un mur à l'endroit où elles n'étaient pas achevées, nous ne pouvons plus envelopper la place, à moins que nous ne forcions leurs retranchemens : et d'assiégeans nous sommes devenus assiégés, sans oser nous écarter, dans la crainte de leur cavalerie.

« Non contens de ces avantages, ils font venir de nouveaux secours du Péloponèse, et ont envoyé Gylippe pour obliger les villes neutres de la Sicile à se déclarer, et les autres à leur envoyer des hommes et des vaisseaux pour nous attaquer par mer et par terre. Je dis par mer, ce qui peut paraître étonnant, mais qui n'est que trop vrai; car notre flotte, considérable auparavant par le bon état des galères et par celui des équipages, manque maintenant par ces deux endroits-là mêmes, et est infiniment affaiblie.

« Les galères font eau de tous côtés, parce qu'on ne peut les retirer à sec pour les radouber, à cause de la crainte où nous sommes que celles des ennemis, qui sont en plus grand nombre et en meilleur état que les nôtres, ne viennent tout d'un coup nous attaquer, comme elles paraissent à chaque moment disposées à le faire. D'ailleurs, nous nous trouvons dans une indispensable nécessité d'en envoyer plusieurs de côté et d'autre pour escorter les convois qu'il faut faire venir de bien loin, et faire passer à la vue des ennemis; de sorte que, pour peu qu'en se relâchât de ces soins, nous affamerions notre armée.

« Pour l'équipage, il dépérit tous les jours à vue d'œil, parce que plusieurs, s'écartant pour la maraude ou pour aller chercher du bois et de l'eau, sont surpris et tués par la cavalerie. Les esclaves, tentés par le voisinage du camp des ennemis, désertent et s'y rendent en grand nombre. Les étrangers qu'on a levés par force se dissipent, et ceux qu'on a enrôlés pour de l'argent, qui pensaient venir au pillage plutôt qu'au combat, trouvant tout le contraire, vont se rendre aux ennemis qui sont proche, ou se cachent dans la Sicile, ce qu'ils peuvent faire aisément, parce que l'île est fort grande. Beaucoup de citoyens, exercés depuis long-temps et habiles dans la manœuvre, ayant gagné les capitaines des galères, ont substitué à leur place des hommes qui sont sans expérience et incapables de servir, et par là ont ruiné toute la discipline. J'écris à des personnes qui connaissent la marine, et qui savent que, quand le bon ordre est ainsi négligé, tout va en dépérissant, et que la flotte se ruine.

« Mais ce qu'il y a de plus fâcheux, c'est qu'avec toute mon autorité de général je ne puis empêcher ce désordre. Car vous savez, Messieurs, que vous êtes d'un caractère à ne vous pas laisser aisément gouverner; et d'ailleurs je ne sais où prendre des matelots, au lieu qu'il en vient de tous côtés à nos ennemis. Nos alliés de Sicile sont hors d'état de nous aider; et si les villes d'Italie d'où nous tirons notre subsistance, apprenant l'extrémité où nous sommes réduits, et que vous ne songez point à nous envoyer de secours, se joignent aux Syracusains, nous sommes absolument perdus, sans que l'ennemi ait besoin de nous livrer aucun combat.

« Je pourrais vous mander des choses plus agréables, mais non plus utiles ni plus propres à vous mettre au fait des affaires présentes sur lesquelles vous avez à délibérer. Je sais que vous aimez à n'entendre que des nouvelles qui vous fassent plaisir: mais je sais aussi que, lorsque les affaires tournent autrement que vous ne l'avez espéré, vous vous en prenez à ceux qui vous ont trompés; et c'est ce qui m'a déterminé à vous écrire avec la dernière sincérité et sans vous rien dissimuler. Du reste, vous n'avez jusqu'ici aucun sujet de vous plaindre ni des officiers ni des troupes, qui se sont fort bien acquittés de leur devoir.

« Mais maintenant que la Sicile réunit toutes ses forces contre nous, et qu'elle attend du Péloponèse une nouvelle armée, posez pour fondement de vos délibérations que les troupes que nous avons ne sont point suffisantes, et qu'ainsi il faut, ou nous rappeler ou envoyer ici une armée de terre et de mer aussi nombreuse que la première, et de l'argent à proportion. Il faut se disposer aussi à m'envoyer un successeur, ne pouvant plus porter le poids du commandement à cause de ma néphrétique. Je crois avoir mérité cette grace par les bons services que je vous ai souvent rendus, tant que la santé me l'a permis, dans tous les commandemens que j'ai eus.

« Au reste, quelque résolution que vous preniez, ce que je vous demande, Messieurs, c'est que vous l'exécutiez promptement, sans délai, et dès le commencement du printemps. Les ressources que nos ennemis trouvent dans la Sicile sont toutes prêtes: celles qu'ils attendent du Péloponèse peuvent tarder davantage; mais songez que, si vous ne vous évertuez, les Lacédémoniens ne manqueront pas, comme cela est déja arrivé, de vous surprendre et de vous prévenir. »

La lecture de cette lettre toucha extrêmement les Athéniens, et fit sur eux toute l'impression que Nicias en pouvait attendre. On ne jugea pas à propos de lui nommer un successeur : on lui donna seulement deux des officiers qui étaient avec lui, savoir, Ménandre et Euthydème, pour le soulager en attendant qu'on envoyât d'autres généraux. Eurymédon et Démosthène furent choisis pour remplacer Lamachus et Alcibiade. Le premier partit sur-le-champ avec dix galères et quelque argent, environ le solstice d'hiver, pour assurer Nicias d'un prompt secours, tandis que l'autre levait des troupes et des contributions pour faire voile au commencement du printemps.

D'un autre côté, les Lacédémoniens, soutenus par ceux de Corinthe, faisaient de grands préparatifs pour envoyer des renforts en Sicile et pour entrer dans l'Attique, afin d'empêcher la flotte d'Athènes de faire voile vers cette île.

(Av. J.-C. 413.) Ils entrèrent donc de bonne heure dans l'Attique sous le commandement du roi Agis; et, après avoir ravagé la campagne, ils fortifièrent Décélie, ayant partagé l'ouvrage entre toutes les troupes pour l'achever plus promptement. Ce poste est environ à six-vingts stades d'Athènes, c'est-à-dire près de six lieues, et à même distance que la Béotie. Alcibiade ne s'était point donné de repos jusqu'à ce qu'enfin il eût obtenu qu'on y travaillât. C'est ce qui nuisit le plus aux Athéniens : car, au lieu qu'auparavant, l'ennemi se retirant après avoir fait le dégât, on était libre le reste de l'année ; depuis que Décélie eut été fortifiée, la garnison qu'on y laissait ne cessait de faire des courses et de tenir toujours les Athéniens en inquiétude, Athènes étant devenue comme une place de guerre ; car, de jour en jour on faisait garde tout autour aux portes, de nuit toute la ville était sur les murailles ou sous les armes. Les vaisseaux qui apportaient de l'île d'Eubée des vivres, et dont auparavant la route par Décélie était beaucoup plns courte, étaient contraints de prendre un grand tour pour doubler le cap de Sunium, ce qui rendait les vivres plus chers. Il en était de même de toutes les marchandises qui venaient de dehors. Pour surcroît de malheur, plus de vingt mille esclaves, dont la plupart étaient artisans, passèrent chez les ennemis pour se dérober à l'extrême misère qui désolait la ville. Tout le bétail périt avec les bêtes de voiture. La plupart des chevaux demeurèrent estropiés, parce qu'ils étaient toujours en garde ou en course. Tout étant ainsi ravagé, et les Athéniens se trouvant privés des revenus de la campagne, la disette d'argent devint fort grande, et ils furent obligés de prendre le vingtième de tout ce qui venait par mer pour remplacer la perte des revenus ordinaires.

Cependant Gylippe, qui avait fait le tour de la Sicile, amena le plus de gens qu'il avait pu rassembler dans toute l'île, et porta ceux de Syracuse à équiper une flotte la plus nombreuse qu'ils pourraient, et à hasarder un combat naval, sur l'espérance d'un succès digne d'une si grande entreprise. Cet avis fut fortement appuyé par Hermocrate, qui exhorta les Syracusains à ne pas céder à leurs ennemis la gloire de la marine. Il leur représenta que les Athéniens eux-mêmes ne l'avaient pas reçue de leurs ancêtres, et ne l'avaient pas toujours possédée : que c'était la guerre des Perses qui les avait comme forcés à se rendre habiles sur mer, malgré l'opposition qu'ils y avaient et par leur inclination naturelle, et par la situation même de leur ville, assez éloignée de la mer : qu'ils s'étaient rendus terribles aux autres peuples, moins par leurs forces que par leur courage et leur hardiesse; qu'il fallait profiter de leur exemple, et contre des ennemis toujours prêts à tout entreprendre devenir aussi entreprenans qu'eux.

Cet avis fut goûté et suivi. On équipa une flotte nombreuse. Gylippe fit sortir de nuit toutes ses troupes de terre pour attaquer les forts de Plemmyre. Trente-cinq galères des Syracusains qui étaient dans le grand port, et quarante-cinq dans le petit, où il y avait un arsenal pour les navires, eurent ordre de s'avancer vers Plemmyre pour étonner les Athéniens, qui se verraient attaqués en même temps et par terre et par mer. Sur ces nouvelles, les Athéniens s'embarquèrent aussi, et avec vingt-cinq voiles voguèrent contre les trente-cinq de Syracuse qui venaient contre eux du grand port, et en opposèrent trente-cinq autres aux quarante-cinq des ennemis qui étaient parties du petit port. Le combat fut vif à l'embouchure du grand port, les uns s'efforçant d'entrer, et les autres de leur défendre l'entrée.

Ceux qui gardaient les forts de Plemmyre étant accourus au rivage pour voir le combat, Gylippe attaqua les forts à l'improviste dès le point du jour, et ayant emporté d'assaut le plus grand, donna une telle épouvante aux deux autres, qu'ils furent en un instant abandonnés. Cet avantage fut suivi aussitôt d'une perte considérable du côté des Syracusains ; car les vaisseaux de Syracuse qui combattaient à l'entrée du port, après avoir forcé les Athéniens, s'entre-choquèrent rudement en y entrant en désordre, et livrèrent par ce moyen la victoire à leurs ennemis, qui ne se contentèrent pas de les poursuivre, mais donnèrent encore la chasse à ceux qui étaient victorieux dans le grand port. Onze galères de Syracuse furent coulées à fond, et plusieurs de ceux qui étaient dessus tués. On en prit trois; mais les Athéniens en perdirent aussi trois de leur côté : après avoir remorqué celles des ennemis, ils dressèrent un trophée dans une petite île qui était devant Plemmyre, et se retirèrent dans l'enceinte de leur camp.

Les Syracusains dressèrent aussi trois trophées pour la prise de trois forts, et, ayant rasé l'un des petits, ils rétablirent les fortifications des deux autres et y mirent garnison. Plusieurs Athéniens y avaient été tués ou faits prisonniers, et l'on prit quantité d'argent qui y était, tant du public que des marchands et des capitaines de galères, outre une grande quantité de munitions, parce que c'était comme le magasin de toute l'armée. On y perdit aussi l'équipement et les agrès de quarante galères, avec trois vaisseaux qui étaient retirés à sec. Mais, ce qui est plus considérable encore, Gylippe ôta par là à Nicias la facilité des convois. Car, pendant que celui-ci tenait Plemmyre, le transport des vivres était sûr et prompt, au lieu qu'après l'avoir perdu, il était difficile et hasardeux, parce qu'il ne pouvait se faire sans combat, les ennemis étant à l'ancre devant ce fort. Ainsi les Athéniens ne pouvaient plus avoir de vivres qu'à la pointe de l'épée; ce qui abattit le courage des soldats et mit l'armée dans une grande consternation.

Il y eut ensuite quelques escamourches pour la défense d'une estacade que les habitans avaient faite dans la mer, à l'entrée du vieux havre, pour mettre en sûreté leurs navires. Les Athéniens, ayant dressé des tours et des parapets sur un gros bâtiment, l'avancèrent le plus près qu'ils purent de l'estacade pour servir comme de rempart à des barques qui portaient des machines avec lesquelles on arrachait les pieux à l'aide des poulies et des cordages, outre ceux que l'on sciait par le moyen des plongeurs ; les assiégés se défendant de leur havre, et les autres de leur tour. Les pieux qu'on avait enfoncés à fleur d'eau, pour faire échouer les vaisseaux qui en approchaient, donnèrent le plus de peine. Les plongeurs en vinrent encore à bout pour de l'argent, et la plupart furent arrachés : mais on en remit d'autres aussitôt en leur place. Il n'y eut point de tentatives ni d'efforts qu'on ne fît de part et d'autre pour l'attaque et pour la défense.

Ce qui paraissait de capital aux assiégés, fut de tenter un second combat tant sur terre que sur mer, avant l'arrivée du secours et de la flotte des Athéniens. Ils avaient pris de nouvelles mesures pour le combat naval, en profitant de ce qu'ils avaient reconnu avoir manqué au dernier

Le changement qu'ils firent dans leurs galères consistait en ce qu'ils rendirent les proues plus courtes qu'auparavant, et en même temps plus fermes et plus solides. Pour cela ils y mirent de grosses pièces de bois en saillie de chaque côté des proues ; et à ces pièces de bois ils joignirent encore des solives en forme d'étais. Ces solives s'étendaient jusqu'à six coudées sur les deux côtés du vaisseau en dedans et en dehors. Ils espéraient par là remporter l'avantage sur les galères athéniennes, qui n'osaient pas, à cause de la faiblesse de leurs proues, prendre l'ennemi de front, mais seulement en flanc : outre que, le combat se faisant dans le port, elles n'auraient pas la liberté de s'étendre ni de couler entre deux galères, en quoi consistait leur adresse, ni de revirer de bord après qu'elles auraient été repoussées, pour revenir à la charge ; au lieu que les Syracusains, étant maîtres de toute l'étendue du port auraient tous ces avantages, et pourraient s'entre-secourir les uns les autres. Voilà sur quoi ces derniers fondaient l'espérance de la victoire.

Gylippe fit donc sortir du camp premièrement toute l'infanterie, et s'avança vers la contrevallation des Athéniens du côté qui regardait la ville, pendant que les troupes d'Olympie s'approchaient de l'autre, et que leurs galères mettaient à la voile.

Nicias ne voulait point tenter la fortune d'un second combat, disant que, dans le temps qu'ils attendaient à toute heure une nouvelle flotte et un grand renfort que Démosthène leur amenait en diligence, c'était une folie, avec des troupes inférieures en nombre et déja fatiguées, de hasarder un combat sans nécessité. Au contraire, Ménandre et Euthydème, qui venaient d'être nommés pour partager le commandement de l'armée avec Nicias jusqu'à l'arrivée de Démosthène, piqués d'ambition et de jalousie contre ces deux généraux, se hâtaient de faire quelque exploit éclatant pour en dérober la gloire à l'un, et surpasser, s'il se pouvait, celle de l'autre. Le prétexte qu'ils prenaient était la réputation d'Athènes; et ils soutinrent avec tant d'ardeur qu'elle serait entièrement perdue et ruinée si l'on évitait le combat que présentaient les Syracusains, qu'enfin ils forcèrent Nicias à donner bataille. Les Athéniens avaient soixante et quinze galères, et les Syracusains quatre-vingts.

Le premier jour, les flottes demeurèrent en présence l'une de l'autre dans le grand port sans en venir à un combat, et se contentant de quelques légères escarmouches, après quoi elles se retirèrent de part et d'autre; et il en fut de même des troupes de terre. Le second jour, les Syracusains ne firent aucun mouvement. Nicias, profitant de ce repos, fit mettre les bâtimens de charge sur une même ligne à quelque distance les uns des autres, pour former une enceinte qui pût servir de retraite à ses galères en cas de disgrace. Le lendemain les Syracusains se présentèrent plus tôt même qu'à l'ordinaire : une bonne partie du jour se passa encore en escarmouches, et ils se retirèrent. On ne comptait pas qu'ils dussent revenir, et on attribuait leur retraite à la crainte et à la lâcheté. Mais ayant pris promptement de la nourriture, et étant remontés dans leurs galères, ils allèrent fondre sur les Athéniens, qui ne s'attendaient à rien moins. Contraints de se rembarquer à la hâte, ils remontèrent en désordre sur leurs vaisseaux sans avoir le temps de se ranger en bataille, et étant la plupart à jeûn. La victoire ne balança pas. Les Athéniens, après une courte et légère résistance, se sauvèrent derrière l'enceinte des bâtimens de charge. Les ennemis les poursuivirent jusque là, et furent arrêtés par les antennes de ces bâtimens, auxquelles on avait attaché des dauphins de plomb * d'un très grand poids, qui, venant à tomber rudement sur les galères des ennemis, les auraient coulées à fond. Les Athéniens perdirent dans ce combat sept galères et un grand nombre de soldats qui furent tués ou pris.

Cette perte jeta Nicias dans la dernière consternation. Tous les malheurs qui lui sont arrivés pendant qu'il a été seul capitaine en chef lui reviennent dans l'esprit; et en voici un plus grand qu'il s'est attiré par la faute que lui ont fait commettre ses collègues. Pendant qu'il s'occupait de ces tristes pensées, on voit arriver la flotte de Démosthène dans un appareil magnifique, et qui devait jeter la terreur parmi

* Cette machine perçait une galère depuis le pont jusqu'au fond de cale, tant elle tombait avec raideur.

les ennemis : c'était le lendemain du combat. Elle était composée de soixante et treize galères qui portaient cinq mille combattans, et environ trois mille tant archers que frondeurs et gens de trait. Toutes ces galères étaient richement parées, ornées aux proues d'éclatantes banderoles, équipées de bons rameurs, commandées par de bons officiers, et retentissaient du bruit des clairons et des trompettes, Démosthène ayant affecté de s'avancer ainsi fièrement comme en pompe et en triomphe pour effrayer les ennemis.

Cet appareil en effet les alarma au-delà de ce qu'on peut dire. Ils ne voyaient ni fin ni trève à leurs maux. Tout ce qu'ils avaient fait et souffert jusque là devenait inutile, et il fallait recommencer sur nouveaux frais. Quelle espérance de lasser la patience des Athéniens après qu'un camp ennemi, retranché au milieu de l'Attique, n'avait pu les empêcher d'envoyer en Sicile une armée aussi grande que la première, et que leur puissance aussi bien que leur courage semblait, malgré toutes leurs pertes, s'accroître de jour en jour, loin de diminuer ?

Démosthène, s'étant bien informé de l'état des choses, crut qu'il ne fallait pas perdre le temps comme avait fait Nicias, qui, ayant d'abord répandu partout la terreur à son arrivée, était ensuite tombé dans le mépris pour avoir passé l'hiver à Catane au lieu d'aller droit à Syracuse, et dans la suite avait donné lieu à Gylippe d'y jeter des troupes. Il se flattait d'emporter la place d'emblée en profitant de l'alarme que sa venue y avait jetée, et de terminer ainsi promptement la guerre : sinon, son dessein était de lever le siége, sans fatiguer davantage les troupes par tant de combats qui ne décidaient de rien, et pour ne point épuiser la ville d'Athènes par des dépenses inutiles.

Nicias, effrayé d'une résolution si brusque et si hardie, le conjurait de ne rien précipiter et de prendre du temps pour peser toutes choses mûrement, et pour ne laisser aucun lieu au repentir. Il lui représentait que les détails étaient tous contre les ennemis; qu'ils n'avaient plus ni vivres, ni argent; que leurs alliés étaient prêts à les abandonner; que bientôt, pressés par la disette, ils prendraient le parti de se rendre, comme ils l'avaient voulu faire auparavant; car il y avait dans la place des gens qui entrenaient avec lui une secrète intelligence, et qui l'exhortaient à ne pas s'impatienter, parce que les Syracusains étaient fatigués de la guerre et las de Gylippe; et que, pour peu que la nécessité où ils étaient réduits vînt à s'augmenter, ils se remettraient à sa discrétion.

Comme Nicias ne s'expliquait pas clairement, et ne voulait pas déclarer en termes formels qu'il était instruit par des voies sûres de tout ce qui se passait dans la ville, on regarda ses remontrances comme un effet de sa timidité et de la lenteur qu'on lui avait toujours reprochées. « Voilà, « disaient-ils, ses longueurs ordinaires, ses « remises, ses défiances, ses craintives « précautions, par lesquelles il a émoussé « toute la vivacité et éteint toute l'ardeur « de ses troupes, en ne les menant pas « d'abord contre l'ennemi, et en attendant « pour l'attaquer que ses forces fussent « affaiblies et méprisées. » Cela fit que les autres généraux et tous les officiers se rangèrent à l'avis de Démosthène, et

Nicias lui-même fut enfin forcé de s'y rendre.

Démosthène, après avoir fait une tentative inutile contre le mur qui coupait la contrevallation des assiégeans, se restreignit à l'attaque d'Epipole, dans la créance qu'en étant le maître, personne n'oserait plus demeurer à la défense du mur. Il prend donc pour cinq jours de vivres, avec les ouvriers, les outils, et tout l'équipage nécessaire pour fortifier et défendre ce poste quand il s'en serait emparé. Comme on n'y pouvait monter de jour sans être découvert, il s'y rend de nuit avec toutes les troupes, suivi d'Eurymédon et de Ménandre; car Nicias était demeuré à la garde du camp. Ils montent par Euryèle, comme on avait fait la première fois, sans être aperçus des sentinelles, attaquent le premier retranchement et le forcent, après avoir tué une partie de ceux qui le défendaient. Non content de cet avantage, Démosthène passe outre, pour ne point laisser refroidir l'ardeur de ses soldats, ni retarder l'accomplissement de son dessein. Sur ces entrefaites les troupes de la ville soutenues par Gylippe, sortent en armes hors des retranchemens. Dans l'étonnement et la surprise où elles étaient, que l'obscurité de la nuit augmentait encore beaucoup, elles sont d'abord repoussées et mises en fuite. Mais comme les Athéniens s'avançaient en désordre pour forcer tout ce qui résistait, de de peur que l'ennemi ne se ralliât si on lui donnait le loisir de se reconnaître et de respirer, ils sont arrêtés tout court par les Béotiens, qui font ferme, et marchant contre les Athéniens les piques baissées, les chassent avec de grands cris et en font un carnage horrible. Le trouble et l'effroi se répandent dans le reste de l'armée. Les fuyards entraînent avec eux ceux qui venaient à leur secours, ou même tournent leurs armes contre eux, les prenant pour des ennemis. Tout est pêle-mêle, dans le désordre et la confusion, n'étant pas possible de discerner les objets dans l'horreur d'une nuit qui n'était ni si obscure qu'on ne pût rien voir, ni assez claire pour distinguer ce que l'on voyait. Les Athéniens s'entre-cherchaient sans se pouvoir rencontrer; et à force de demander le mot, qui était la seule voie de se pouvoir reconnaître, il se faisait une confusion de voix qui ne causait pas peu de trouble, outre qu'on le divulguait par ce moyen aux ennemis, sans qu'on pût savoir le leur, parce qu'étant ensemble et vainqueurs ils n'avaient pas besoin de le dire. Cependant ceux qu'on poursuivait se précipitaient du haut des rochers, et plusieurs furent écrasés de la chute : et de ceux qui se sauvèrent, la plupart, égarés dans la campagne et écartés les uns des autres, furent massacrés le lendemain par la cavalerie ennemie, qui sortit après eux. Il y eut deux mille morts du côté des Athéniens, et l'on prit un grand nombres d'armes, parce que les fuyards les jetaient pour se sauver plus facilement par les précipices.

§ XIV. Après un échec si considérable, les généraux Athéniens étaient bien embarrassés à résoudre ce qu'ils devaient faire dans le découragement et le désespoir de l'armée, qui dépérissait tous les jours par les maladies de l'automne et par le mauvais air du marais où l'on campait. Démosthène était d'avis de partir sans plus tarder, après avoir manqué une entreprise de la plus grande importance; d'autant plus que le temps était encore propre à la navigation, et qu'on avait assez de vaisseaux pour forcer le passage en cas que les ennemis voulussent le disputer. Il disait qu'il était bien plus avantageux de faire lever le blocus d'Athènes que de continuer celui de Syracuse, en se consumant en frais inutiles : qu'il ne leur viendrait pas certainement une nouvelle armée, et qu'avec celle qui leur restait ils ne pouvaient pas espérer de venir à bout des ennemis.

Nicias sentait bien que son collègue, dans ce qu'il venait de dire, raisonnait fort sensément, et il était de son avis : mais il craignait qu'un aveu si public de leur faiblesse, et la résolution qu'ils prendraient de se retirer, dont le bruit ne manquerait pas d'arriver jusqu'aux ennemis, n'achevassent de ruiner leurs affaires, et ne les missent peut-être hors d'état d'exécuter cette résolution quand ils le voudraient. D'ailleurs il n'était point sans espérance que les assiégés, réduits eux-mêmes à une grande extrémité par le manque de vivres et d'argent, ne songeassent enfin à faire une composition honorable. Ainsi, quoique dans le fond il fût encore incertain et flottant, il faisait entendre dans ses discours qu'il ne partirait pas sans l'ordre des Athéniens, parce qu'il savait bien qu'ils ne le trouveraient pas bon : que leurs juges, n'ayant pas vu l'état des choses, n'opineraient pas comme eux, et ne manqueraient pas de les condamner à la persuasion de quelque orateur : que la plupart de ceux qui criaient maintenant le plus haut à cause des incommodités qu'ils souffraient parleraient alors d'une manière toute différente, et les accuseraient d'avoir pris de l'argent pour lever le siège : que connaissant, comme il faisait, le caractère et le naturel des Athéniens, il aimait mieux périr glorieusement par la main des ennemis, s'il le fallait, que de subir une honteuse condamnation de la part de ses citoyens.

Ces raisons, quelques fortes qu'elles parussent, ne convainquirent point Démosthène, et il demeura toujours persuadé que l'unique bon parti qui restait à prendre était celui de la retraite. Mais, comme il ne s'était pas bien trouvé de son premier avis, il n'osa insister davantage sur celui-ci, et il eut d'autant moins de peine à donner les mains à celui de Nicias, qu'il crut, comme beaucoup d'autres, que ce général pouvait avoir quelque ressource secrète, puisqu'il s'opiniâtrait si fort à demeurer.

Gylippe, après avoir fait le tour de la Sicile, avait ramené avec lui un grand nombre de troupes. Ce nouveau renfort arrivé aux ennemis effraya extrêmement les Athéniens, dont l'armée dépérissait tous les jours par les maladies; et ils commencèrent à se repentir de n'avoir pas levé le siège, d'autant plus que les assiégés se préparaient à les attaquer par terre et par mer. D'ailleurs Nicias ne s'opposait plus à cette résolution; il voulait seulement qu'elle ne fût pas rendue publique. On donna donc ordre au départ le plus secrètement qu'il fut possible, afin que la flotte pût faire voile au premier jour.

Quand tout fut en état, au moment qu'on allait mettre à la voile sans que les ennemis se doutassent de rien, parce qu'ils ne s'attendaient pas à un départ si précipité, la lune tout-à coup vint à s'éclipser au milieu de la nuit, et à perdre entièrement sa lumière, ce qui remplit de frayeur Nicias et tous les autres, qui, par ignorance et par superstition, étaient étonnés d'un changement si subit dont ils ne connaissaient point la cause, et dont ils redoutaient les suites. On consulta les devins, qui, n'étant pas plus habiles que les autres, ne servirent qu'à augmenter la crainte. La coutume était, après ces sortes d'accidens, de ne susprendre ses entreprises que pendant trois jours. Les devins prononcèrent qu'on ne devait partir qu'après trois fois neuf jours, ce sont les termes de Thucydide; nombre mystérieux sans doute dans l'esprit des peuples. Nicias scrupuleux jusqu'à l'excès, et plein d'un respect mal entendu pour ces interprètes aveugles de la volonté des dieux, déclara qu'il voulait attendre la révolution entière de la lune, et son retour à pareil jour du mois suivant, comme s'il ne l'avait pas vue bien claire et bien nette dès le moment qu'elle fut sortie de l'espace ombragé et obscurci par l'interposition du corps de la terre.

On ne lui en laissa pas le temps. La nouvelle du départ projeté s'étant bientôt répandue dans la ville, on résolut d'attaquer les assiégeans par terre et par mer. Les Syracusains commencèrent le premier jour par l'attaque des retranchemens, et remportèrent contre les ennemis un léger avantage. Le lendemain ils y firent une seconde attaque, pendant qu'avec soixante et seize galères ils voguaient contre quatre-vingt-six des Athéniens. Eurymédon, qui commandait la droite de la flotte d'Athènes, s'étant étendu le long du rivage pour les envelopper, ce mouvement fut la cause de sa perte. Car, comme il s'était détaché du corps de la flotte, les Syracusains, après avoir enfoncé le corps de bataille qui était au milieu, tournèrent contre lui, le poussèrent vivement dans le fond du golfe appelé Dascon, et l'y défirent entièrement. Il fut tué dans le combat. Ils poursuivirent ensuite le reste des galères, et les poussèrent contre le rivage. Gylippe, qui commandait l'armée de terre, voyant que les vaisseaux des Athéniens étaient poussés contre terre sans pouvoir rentrer dans leur estacade, descendit avec une partie de ses troupes sur le rivage pour combattre les soldats à la descente, s'ils étaient contraints d'échouer, et pour donner plus de moyens à ceux de son parti de remorquer les galères qu'ils auraient prises. Mais il fut repoussé par les Tyrrhéniens, qui étaient en garde de ce côté-là, et obligé par les Athéniens qui accoururent pour les soutenir, de se retirer avec quelque perte jusqu'au marais Lysimélie, qui était tout proche. Ceux-ci sauvèrent la plupart de leurs vaisseaux, excepté dix-huit que les Syracusains prirent, dont ils tuèrent tout l'équipage. Ensuite, voulant brûler les autres, ils remplirent un vaisseau de matières combustibles et y ayant mis le feu, ils le poussèrent à l'aide du vent contre les Athéniens, qui trouvèrent le moyen d'éteindre le feu et d'éloigner ce vaisseau.

Chacun dressa de son côté des trophées : ceux de Syracuse pour la défaite d'Eurymédon, et pour l'avantage remporté le jour précédent; et les Athéniens pour avoir poussé une partie des ennemis dans le marais, et fait prendre la fuite à l'autre. Mais les dispositions des deux peuples étaient bien différentes. Les Syracusains, que l'arrivée de Démosthène avec sa flotte avait jetés dans la consternation, se voyant vainqueurs dans un combat naval, conçurent de nouvelles espérances, et se promirent une pleine victoire de leurs ennemis. Les Athéniens, au contraire, frustrés de l'unique ressource qui leur restât, et vaincus sur mer contre leur attente, perdirent absolument courage, et ne songèrent plus qu'à la retraite.

Les ennemis, pour leur en ôter tout moyen, et pour empêcher qu'ils ne leur échapassent, fermèrent l'embouchure du grand port, qui avait environ cinq cents pas de largeur, avec des galères en travers, et d'autres vaisseaux arrêtés par des ancres et des chaînes de fer; et en même temps préparèrent tout pour le combat, en cas qu'ils eussent encore le courage de le tenter. Quand les Athéniens se virent ainsi enfermés, les généraux et les colonels s'assemblèrent pour délibérer sur l'état présent des affaires. Ils manquaient absolument de vivres, parce qu'ils avaient défendu à ceux de Catane d'en apporter, sur l'espérance de la retraite; et ils ne pouvaient en faire venir d'ailleurs, s'ils ne se rendaient maîtres de la mer. Ils prirent donc le parti de hasarder un combat naval. Dans cette vue, ils résolurent d'abandonner leur ancien camp et leurs murailles, qui allaient jusqu'au temple d'Hercule, et de se retrancher sur le bord près de leurs navires, dans le moindre espace qu'ils pourraient. Leur dessein était de laisser là quelques troupes pour garder leur bagage et les malades, et de combattre avec le reste sur tout ce qui leur restait de vaisseaux. Ils faisaient état de se retirer à Catane, s'ils étaient victorieux, sinon, de mettre le feu à leurs navires, et de gagner par terre la plus prochaine ville de leurs alliés.

Cette résolution prise, Nicias fit embarquer promptement sa meilleure infanterie, et en remplit cent dix galères, les autres n'ayant plus de rames, et il mit le reste des troupes en bataille sur le rivage, et surtout les gens de trait. Parce qu'on craignait extrêmement les éperons des galères de Syracuse, Nicias s'était muni de harpons de fer pour les accrocher, afin d'en rompre le coup et d'en venir d'abord aux mains comme sur terre; mais les ennemis, qui s'en étaient aperçus, couvrirent de cuir la proue et le haut des galères, pour ne pas donner tant de prise. De part et d'autre les chefs avaient exhorté leurs troupes, et jamais les motifs n'avaient été plus pressans, le combat qui allait se donner devant décider non-seulement de leur liberté et de leur vie, mais du sort de leur patrie.

Le combat fut des plus rudes et des plus sanglans. Les Athéniens étant arrivés à l'embouchure du port, se rendirent aisément maîtres des vaisseaux qui en défendaient l'ouverture; mais quand ils voulurent rompre la chaîne des autres pour rendre le passage plus libre, les ennemis accoururent de toutes parts. Comme près de deux cents galères venaient de part et d'autre fondre toutes en un même endroit qui était assez étroit, la confusion ne pouvait être que très grande, et l'on ne pouvait pas facilement ni avancer ni reculer, ni tourner, pour revenir à la charge. Les éperons des galères, par cette raison, ne firent pas beaucoup d'effet, mais les décharges étaient rudes et fréquentes. Les Athéniens furent accablés d'une grêle de pierres, qui portent toujours leur coup, de quelque endroit qu'on les jette, au lieu qu'ils ne se défendaient qu'en jetant des dards et des traits, dont l'agitation de la mer, par le mouvement du vaisseau, rendait le coup incertain, et faisait que la plupart se perdaient inutilement, ne portant point où l'on visait. C'était un conseil que le pilote Ariston avait donné aux Syracusains. Après ces décharges, les soldats pesamment armés essayaient d'entrer dans le vaisseau ennemi pour en venir aux mains; et il arrivait assez souvent que, tandis qu'ils montaient d'un côté, on entrait de l'autre dans le leur, et que deux ou trois navires se trouvaient accrochés à un seul, ce qui causait une grande confusion et un grand embarras : d'ailleurs, le bruit des vaisseaux qui s'entrechoquaient, joint aux différens cris des vainqueurs et des vaincus, ne permettait point d'entendre ni l'ordre des officiers, ni celui du comite. Les Athéniens voulaient qu'on forçât le passage, à quelque prix que ce fût, pour s'assurer le retour en leur patrie; et les ennemis faisaient tous leurs efforts pour l'empêcher, afin de remporter une victoire plus entière et plus glorieuse. Les deux armées de terre rangées sur le haut du rivage, et les habitans de la ville qui étaient accourus sur les murs pendant que les autres, prosternés dans les temples, priaient pour leurs citoyens, distinguaient clairement, à cause du peu de distance, tout ce qui se passait dans cette action, et contemplait la bataille comme de dessus un amphithéâtre, non sans inquiétude et sans frayeur. Attentifs et tremblans à tous les mouvemens et à toutes les vicissitudes qui arrivaient; ils marquaient la part qu'ils prenaient au combat, leur crainte ou leur espérance, leur douleur ou leur joie, par différens cris ou différens gestes, étendant leurs mains tantôt vers les combattans pour les animer, tantôt vers le ciel pour implorer le secours et la protection des dieux. Enfin après un long combat et une vigoureuse résistance, la flotte des Athéniens prit la fuite, et fut poussée par les ennemis contre le rivage. Un cri universel de joie, de la part des Syracusains spectateurs, annonça à toute la ville l'heureuse nouvelle de la victoire. Le vainqueur demeura maître de la mer, et cinglant vers Syracuse, dressa un trophée, tandis que les Athéniens abattus et accablés ne songeaient pas seulement à redemander leurs morts pour leur rendre les derniers devoirs.

Il ne leur restait pour ressource que deux

partis : ou de tenter une seconde fois le passage, et ils avaient encore assez de vaisseaux et de troupes pour le faire; ou de se retirer par terre en abandonnant leur flotte aux ennemis. Démosthène proposa le premier; mais les matelots tout éperdus refusèrent d'obéir, ne se croyant point en état de soutenir un nouveau choc. On s'en tint donc au second parti, et l'on se prépara à partir de nuit, pour dérober aux ennemis la marche de l'armée.

Hermocrate, qui s'en douta, sentit de quelle importance il était de ne pas laisser échapper de si nombreuses troupes, qui pourraient se cantonner dans quelque coin de la Sicile, et de là recommencer de nouveau la guerre. Les Syracusains étaient actuellement dans la joie et dans les festins, et ne songeaient qu'à se délasser des fatigues du combat; outre que, ce jour-là même, ils célébraient la fête d'Hercule. Leur proposer en cet état de reprendre les armes pour courir sus aux ennemis, et vouloir les arracher par persuasion ou par force à leurs divertissemens, c'eût été fort inutile. On s'y prit autrement. Hermocrate envoya des gens à cheval crier, comme s'ils eussent été amis, qu'on dit à Nicias qu'il attendît le jour pour se retirer, parce que les Syracusains lui avaient dressé des embûches, s'étaient saisis des passages. Ce faux avis l'arrêta tout court, et l'on ne partit pas même le lendemain, afin que le soldat eût plus de loisir de se préparer au départ, et d'emporter ce qui était nécessaire pour sa subsistance en abandonnant le reste.

Les ennemis eurent tout le temps de s'emparer des avenues. Le lendemain dès le matin, ils occupèrent les passages les plus difficiles, fortifièrent les gués des rivières, rompirent les ponts et répandirent des détachemens de cavalerie çà et là dans la plaine, de sorte qu'il ne resta pas un seul lieu par où les Athéniens pussent passer sans combat. Ils se mirent en marche le troisième jour d'après le combat, dans le dessein de se retirer à Catane. Toute l'armée était dans une consternation qui ne se peut exprimer, à la vue des morts et des mourans, dont on laissait les uns exposés aux bêtes, et les autres à la cruauté des ennemis. Les malades et les blessés les conjuraient avec larmes de les emmener avec eux, et les retenaient quand ils voulaient partir; ou, se traînant après eux, ils les suivaient le plus loin qu'il leur était possible, et, quand les forces venaient à leur manquer, ils avaient recours aux pleurs, aux plaintes, aux imprécations, et poussant vers le ciel, et d'une voix plaintive et mourante, des cris douloureux, ils invoquaient contre eux et les dieux et les hommes; et tout retentissait de gémissemens.

L'état de l'armée n'était pas moins déplorable. Une morne tristesse avait saisi tous les esprits : ils se tentaient intérieurement déchirés de dépit et de rage quand ils venaient à se représenter la grandeur d'où ils étaient déchus, l'extrémité de la misère où ils se trouvaient, et les maux encore plus grands auxquels ils prévoyaient ne pouvoir échapper. Ils ne pouvaient soutenir la comparaison qui s'offrait sans cesse à leur esprit, de l'état triomphant dans lequel ils étaient partis d'Athènes au milieu des vœux et des acclamations de tout le peuple, avec la honte de leur retraite ignominieuse, accompagnée des cris et des imprécations de leurs parens et de leurs concitoyens.

Mais le spectacle le plus triste et le plus digne de compassion, c'était Nicias: abattu et exténué par une longue maladie, manquant des choses les plus nécessaires dans un temps où son âge et ses infirmités en avaient le plus besoin, pénétré non-seulement de sa douleur particulière, mais encore plus de celle des autres qu'il portait tous dans son cœur, ce grand homme, supérieur à tous ses maux, ne songeait qu'à consoler les troupes, et à ranimer leur courage et leur espérance. Il allait criant partout qu'il n'y avait encore rien de désespéré, et que d'autres armées avaient échappé à de plus grands dangers; qu'il ne fallait point s'accuser ni s'affliger sans mesure des maux dont l'on n'était point coupable; que, s'ils avaient offensé quelque dieu, sa vengeance devait être maintenant satisfaite; que la fortune se lasserait de les poursuivre et de les maltraiter, après s'être montrée si long-temps favorable à leurs ennemis; qu'au reste ils étaient encore formidables par leur nombre et par leur valeur (les restes de l'armée montaient à près de quarante mille hommes); qu'aucune ville de Sicile ne pourrait soutenir leur effort, ni les empêcher de s'établir où ils voudraient; que chacun seulement prît soin de sa sûreté et marchât en bon ordre; que, par une retraite prudente et courageuse, qui était devenue leur unique ressource, non-seulement ils se sauvaient eux-mêmes, mais conservaient leur patrie, et la mettaient en état de recouvrer son ancienne grandeur.

L'armée marchait en deux corps de bataille, rangés l'un et l'autre en carré en forme de phalange; le premier commandé par Nicias, l'autre par Démosthène, avec le bagage au milieu. Lorsqu'ils furent arrivés à la rivière d'Anape, ils forcèrent le passage, et eurent ensuite sur les bras toute la cavalerie ennemie, et les gens de trait qui tiraient sans cesse contre eux. Ils furent ainsi harcelés pendant plusieurs jours de marche, ne trouvant point de débouché libre, ne pouvant gagner pays qu'à la pointe de l'épée. Les ennemis ne voulaient point hasarder de combat contre des troupes que le désespoir seul pouvait rendre invincibles; et, dès que les Athéniens se présentaient pour combattre, ils lâchaient pied ; puis, lorsqu'il se mettaient en marche, ils venaient fondre sur eux dans leur retraite.

Démosthène et Nicias, voyant le mauvais état des troupes, qui étaient sans vivres avec quantité de blessés, furent d'avis de se retirer vers la mer par un chemin tout contraire à celui qu'ils tenaient, et de tirer droit vers Camarine et Gèle, au lieu d'aller à Catane, ce qui avait été leur premier dessein. Ils partirent de nuit, après avoir allumé quantité de feux. Il y eut beaucoup de confusion et de désordre dans la retraite, comme il arrive pour l'ordinaire aux grandes armées dans l'horreur des ténèbres, surtout lorsque l'ennemi est près. L'avant-garde, qui était commandée par Nicias, ne laissa pas de s'avancer en bon ordre ; mais plus de la moitié de l'arrière-garde se détacha du gros, et s'égara avec Démosthène. Le lendemain, les Syracusains, qui, sur le bruit de leur retraite, avaient fait une diligence extraordinaire, lui tombèrent sur les bras vers le midi, et, l'ayant investi avec leur cavalerie, le poussèrent dans un lieu étroit et fermé d'un petit mur, où les soldats se défendirent comme des lions. Comme ils les virent sur la fin du jour accablés de fatigue et percés de coups, ils permirent aux insulaires de se retirer, ce qui fut accepté de quelques-uns, et ensuite ils accordèrent la vie aux autres, qui se rendirent à discrétion avec Démosthène, après avoir stipulé qu'en leur laissant la vie sauve, on ne pourrait les retenir dans une prison perpétuelle. Environ six mille soldats se rendirent à ces conditions.

Le soir même Nicias arriva à la rivière d'Érinée, et l'ayant passée, se campa sur une montagne, où les ennemis l'atteignirent le lendemain, et le sommèrent de se rendre comme avait fait Démosthène. Il ne voulut point croire d'abord que ce qu'on lui disait de Démosthène fût vrai, et demanda la permission d'envoyer quelques cavaliers s'en informer, sur leur rapport, il offrit de rembourser les frais de la guerre, pourvu qu'on le laissât aller avec ses troupes, et de donner autant d'Athéniens pour otages qu'il y aurait de talens à payer. Les ennemis rejetèrent cette proposition avec mépris et insulte, et recommencèrent à le charger. Quoique Nicias manquât absolument de tout, il ne laissa pas de soutenir leurs attaques toute la nuit, et marcha vers le fleuve Asinare. Quand ils furent sur le bord, les Syracusains, les ayant joints, en précipitèrent la plus grande partie dans le courant, les autres s'y étant déja jetés dans l'impatience de se désaltérer. Là se fit le plus grand et le plus cruel carnage, ces pauvres malheureux étant massacrés sans miséricorde pendant qu'ils buvaient. Nicias, ne voyant plus de ressource, et ne pouvant soutenir un tel spectacle, se rendit à discrétion, à condition que Gylippe ferait cesser le combat, et épargnerait le reste de son armée. Le nombre des morts fut grand, et celui des prisonniers encore plus; de sorte que toute la Sicile en fut remplie. Il paraît que les Athéniens furent mécontens que leur chef se fût ainsi rendu à discrétion; et c'est pour cela que dans un monument public, où l'on avait inscrit les noms des chefs qui étaient morts pour la république, le sien fut omis.

Les vainqueurs décorèrent des armes captives les plus beaux et les plus grands arbres qui fussent sur les bords de la rivière, dont ils firent comme des trophées, et se couronnant de chapeaux de fleurs, ornant magnifiquement leurs chevaux, et ayant coupé les crins de ceux des ennemis, ils entrèrent en triomphe dans Syracuse, après avoir terminé heureusement la plus grande guerre que les Grecs eussent jamais eue entre eux, et remporté par leur force et leur valeur une victoire très signalée et très complète. Le lendemain on convoqua l'assemblée pour délibérer sur ce qu'il fallait faire des prisonniers. Dioclès, l'un des chefs les plus accrédités parmi le peuple, proposa cet avis, que tous les Athéniens de condition libre, et les Siciliens qui avaient embrassé leur parti, seraient mis en prison dans les carrières, où on leur donnerait seulement par jour deux mesures de farine et une d'eau; que les esclaves et tous les alliés seraient vendus publiquement; que les deux généraux des Athéniens, après avoir été battus de verges, seraient mis à mort.

Ce dernier article révolta extrêmement tout ce qu'il y avait de gens sages et modérés à Syracuse. Hermocrate, qui avait une grande réputation de probité et de justice, voulut faire des remontrances au peuple, il ne fut point écouté, et les cris qu'on jeta de tous côtés ne lui permirent pas de continuer son discours. Alors un vieillard, respectable par son âge et par sa gravité, qui avait perdu dans cette guerre deux enfans, seuls héritiers de son nom et de ses biens, se fit conduire par ses domestiques sur la tribune aux harangues. Dès qu'il y parut, on fit un profond silence. « Vous voyez, dit-il, un père infortuné, qui a senti plus qu'aucun autre Syracusain les funestes effets de cette guerre par la mort de deux fils qui faisaient toute la consolation et toute la ressource de sa vieillesse. Je ne puis point à la vérité ne pas admirer leur courage et leur bonheur d'avoir sacrifié au salut de la république une vie que la loi commune de la nature leur aurait tôt ou tard enlevée ; mais je ne puis aussi ne pas sentir la plaie cruelle que leur mort a faite à mon cœur, et ne point haïr et détester les Athéniens, auteurs de cette malheureuse guerre, comme les homicides et les meurtriers de mes enfans ; cependant je ne puis le dissimuler, je suis moins sensible à ma douleur qu'à l'honneur de ma patrie ; et je la vois prête à se déshonorer pour toujours par le cruel avis qu'on vous propose. Les Athéniens, il est vrai, méritent toutes sortes de supplices et de mauvais traitemens pour l'injuste guerre qu'ils nous ont déclarée; mais les dieux, justes vengeurs du crime, ne les ont-ils pas assez punis, et ne nous ont-ils pas assez vengés? Quand leurs chefs ont mis bas les armes, et se sont rendus à nous, n'a-ce pas été dans l'espérance de conserver leur vie? et pourrons-nous la leur ôter sans encourir le juste reproche d'avoir violé le droit des gens, et d'avoir déshonoré notre victoire par une barbare cruauté? Quoi! vous souffrirez que votre gloire soit ainsi flétrie dans tout l'univers, et qu'on dise qu'un peuple qui le premier a érigé un temple dans sa ville à la Miséricorde n'en a point trouvé dans la vôtre? Sont-ce les victoires et les triomphes qui rendent à jamais illustre une ville, et non pas la clémence pour des ennemis vaincus, la modération dans la plus grande prospérité, et la crainte d'irriter les dieux par un orgueil fier et insolent? Vous n'avez point sans doute oublié que ce même Nicias, sur le sort duquel vous êtes prêts de prononcer, est celui qui plaida votre cause dans l'assemblée des Athéniens, et qui employa tout son crédit et toute son éloquence pour les détourner de vous faire la guerre. Une sentence de mort prononcée contre ce digne chef est-elle donc une juste récompense du zèle qu'il a témoigné pour vos intérêts? Pour moi, la mort me serait moins triste que la vue d'une telle injustice commise par ma patrie et par mes concitoyens. »

Le peuple parut touché par ce discours, d'autant plus que, voyant paraître ce vieillard sur la tribune, il s'était attendu qu'il allait demander vengeance contre les auteurs de tous ses maux, et non pas implorer sa clémence en leur faveur. Mais les ennemis d'Athènes ayant exagéré avec force et véhémence les cruautés inouïes que cette république avait exercées contre plusieurs villes de leurs ennemis, et même de leurs anciens alliés, l'acharnement de ses chefs contre Syracuse, et les maux qu'ils lui auraient fait souffrir s'ils avaient été vainqueurs; la douleur et les gémissemens d'une infinité de Syracusains, qui pleuraient la mort de leurs enfans et de leurs proches, dont les mânes ne pouvaient être apaisés que par le sang de leurs meurtriers, le peuple rentra dans ses premiers sentimens, et suivit en tout l'avis de Dioclès. Gylippe fit de vains efforts pour obtenir que Nicias et Démosthène fussent conduits à Lacédémone, d'autant plus qu'ils étaient ses prisonniers. Sa demande fut rejetée avec hauteur et insulte, et les deux généraux furent mis à mort.

Les personnes sages et modérées ne purent refuser des larmes à la fin tragique de ces deux grands hommes, et surtout à celle de Nicias, qui de tous ceux de son temps paraissait le moins digne de cette infortune. Quand on se rappelait dans l'esprit les discours qu'il avait tenus, et les remontrances qu'il avait faites pour empêcher cette guerre, et que, d'un autre côté, l'on considérait l'attachement inviolable qu'il avait toujours eu pour tout ce qui regarde la religion, la plupart étaient tentés d'accuser hautement la Providence en voyant qu'un homme qui avait toujours témoigné un repect infini pour les dieux, et qui n'avait jamais rien épargné quand il s'agissait de leur honneur et de leur culte, en était si mal récompensé, et n'éprouvait point une fortune plus heureuse que les plus méchans et les plus scélérats des hommes. Il n'est pas étonnant que les malheurs des gens de bien inspirassent de telles pensées aux païens, et les jetassent dans le murmure et le découragement, vu qu'ils ne connaissaïent ni la sainteté de Dieu, ni la corruption de la nature humaine.

Les prisonniers furent enfermés daxs des carrières, où ils souffrirent des maun incroyables pendant l'espace de huit mois, entassées les uns sur les autres dans ces lieux étroits; exposés aux injures de l'air et du temps; brûlés pendant le jour par l'ardeur du soleil, puis glacés pendant la nuit par les froids de l'automne; empoisonnés par la puanteur et leur propre ordure, et des cadavres de ceux qui mouraient de leurs blessures ou de maladie; enfin, consumés par la faim et par la soif, car on ne leur donnait à chacun par jour qu'une petite mesure d'eau, et deux de farine. Ceux qu'on tira de là, deux mois après, pour les vendre comme esclaves, parmi lesquels se trouvèrent plusieurs citoyens qui avaient déguisé leur état, éprouvèrent un sort moins fâcheux. Leur sagesse, leur patience et un certain air de probité et de retenue, leur furent d'un grand secours; car ou ils furent bientôt mis en liberté, ou ils demeurèrent auprès de leurs maîtres, qui les traitèrent avec toute sorte d'estime et de considération. Il y en eut même plusieurs qui durent leur salut à Euripide, des pièces duquel ils avaient récité les plus beaux endroits aux Siciliens, qui en étaient fort curieux; et à leur retour dans leur patrie, ils allèrent le saluer comme leur libérateur, en lui racontant ce qui leur était arrivé à l'occasion de ses vers.

La nouvelle de la défaite ayant été portée à Athènes, on n'en voulut rien croire d'abord, et l'on était si éloigné d'y ajouter foi, qu'on condamna au supplice celui qui le premier l'avait répandue : mais quand on l'eut avérée, la consternation fut générale parmi les Athéniens; et comme si ce n'avaient pas été eux qui eussent décerné la guerre, leur dépit et leur colère éclatèrent, et contre les orateurs qui avaient favorisé l'entreprise, et contre les devins qui par des oracles ou des prodiges supposés, leur en avaient fait espérer un heureux succès. Jamais ils ne s'étaient vus dans un pareil état. On se trouvait sans cavalerie, sans infanterie, sans argent, sans galères, sans matelots, en un mot dans le dernier désespoir ; de sorte qu'on s'attendait à toute heure que les ennemis, enflés d'une si grande victoire, et fortifiés par la révolte des alliés, viendraient fondre sur Athènes par mer et par terre avec toutes les forces du Péloponèse. Cicéron a raison de dire, en parlant du combat naval donné dans le port de Syracuse, que c'est là que les forces d'Athènes, aussi bien que ses galères, furent ruinées et coulées à fond, et que c'est dans ce port que la gloire et la puissance des Athéniens firent un funeste naufrage.

Ils ne se laissèrent pourtant point abattre, et ne perdirent point courage. On résolut d'amasser de l'argent de tous côtés et de faire venir du bois pour construire des vaisseaux, afin de retenir les alliés dans leur devoir, et particulièrement l'île d'Eubée. On retrancha toutes les dépenses superflues, et l'on établit un nouveau conseil de vieillards pour agiter les affaires avant que de les proposer au peuple. Enſin l'on n'omit rien de tout ce qui pouvait être utile dans la conjoncture présente, l'alarme où l'on était et le danger commun rendant les esprits attentiſs à tous les besoins de l'état et dociles à tous les bons avis.

CHAPITRE II.

Ce chapitre renferme l'histoire des huit dernières années de la guerre du Péloponèse, pendant autant d'années de Darius Nothus, roi de Perse.

XIXe et XXe années de la guerre.

§ I. (Av. J.-C. 413.) La défaite des Athéniens devant Syracuse causa de grands mouvemens dans toute la Grèce. Les peuples qui n'avaient point encore pris parti, et qui n'attendaient que l'évènement les déterminât, résolurent de se déclarer contre eux. Les alliés des Lacédémoniens crurent que le temps était venu de se délivrer pour toujours des dépenses d'une guerre qui leur était ſort à charge, en achevant promptement la ruine d'Athènes. Ceux des Athéniens, qui ne les suivaient que par contrainte, n'envisageant dans l'avenir aucune ressource pour cette république après le terrible échec qu'elle venait de recevoir, crurent devoir profiter d'une conjoncture si favorable pour secouer le joug de la dépendance et se mettre en liberté. Ces dispositions inspiraient aux Lacédémoniens de grandes vues, qui étaient encore soutenues par l'espérance dont ils se flattaient que leurs alliés de Sicile arriveraient au printemps avec une armée navale, augmentée des débris de celle d'Athènes.

En effet, les peuples de l'Eubée, ceux de Chio et de Lesbos, et plusieurs autres, firent savoir aux Lacédémoniens qu'ils étaient prêts à quitter le parti d'Athènes, s'ils voulaient les prendre sous leur protection. Il arriva en même temps des députés de la part de Tissapherne et de Pharnabase. Le premier était gouverneur de la Lydie et de l'Ionie, l'autre de l'Hellespont. Ces deux vice-rois de Darius ne manquaient ni d'application ni de zèle pour les intérêts de leur maître commun. Tissapherne, promettant aux Lacédémoniens de fournir à leurs troupes toute la dépense nécessaire, les pressait d'armer au plus tôt, et de se joindre à lui, parce que la flotte des Athéniens l'empêchait de lever dans son département les contributions ordinaires, et qu'il s'était vu hors d'état d'envoyer au roi celles des années précédentes. D'ailleurs, il espérait avec ce puissant secours se rendre maître plus aisément d'un seigneur qui s'était révolté vers la Carie, et qu'il avait ordre du roi d'amener vif ou mort ; c'était Amorgès, bâtard de Pisuthne. Pharnabaze, en même temps, demandait des vaisseaux, afin de détacher les villes de l'Hellespont de l'obéissance des Athéniens, qui l'empêchaient aussi de lever les tributs de sa province.

On crut à Lacédémone devoir commencer par satisfaire Tissapherne, et le crédit d'Alcibiade contribua beaucoup à faire prendre cette résolution. Il partit avec Chalcidée pour Chio, qui se souleva à leur arrivée, et se déclara pour les Lacédémoniens. Sur la nouvelle de cette révolte, il fut résolu à Athènes qu'on tirerait du trésor les mille talens qui y étaient en réserve depuis le commencement de la guerre, après avoir cassé l'arrêt qui le défendait. Milet se révolta aussi peu de temps après. Tissapherne, ayant joint ses troupes à celles de Lacédémone, attaqua et prit la ville d'Iase, où s'était renfermé Amorgès, qui fut pris vif et envoyé en Perse. Ce satrape donna un mois de paie à toute l'armée, sur le pied d'une dragme, c'est-à-dire de dix sous à chaque soldat par jour, marquant qu'il avait ordre de n'en donner à l'avenir que la moitié.

Ce fut alors que Chalcidée, au nom de Lacédémone, fit un traité avec Tissapherne, dont un des principaux articles était, que tout le pays qui avait appartenu au roi ou à ses prédécesseurs lui demeurerait. Il fut renouvelé quelque temps après par Théramène, autre général des Lacédémoniens, avec quelques légers changemens. Mais, quand on vint à examiner ce traité à Lacédémone, on trouva que l'on avait trop accordé au roi de Perse en lui cédant tous les lieux qui avaient été tenus par ses ancêtres, ce qui était le rendre maître de la plus grande partie de la Grèce de la Thessalie, de la Locride, de tout le pays jusqu'à la Béotie, sans parler des îles; et qu'il se trouverait par là que les Lacédémoniens, au lieu de mettre la Grèce en liberté, l'auraient asservie. Il fallut donc y faire encore des changemens; Tissapherne et les autres satrapes eurent bien de la peine à y consentir. On fit un nouveau traité, comme je le marquerai dans la suite.

Cependant plusieurs villes d'Ionie se déclarèrent pour Lacédémone, et Alcibiade y contribuait pour beaucoup. Agis, qui était déja son ennemi, à cause de l'injure qu'il en avait reçue, ne pouvait souffrir la gloire qu'il acquérait; car rien ne se faisait que par l'avis d'Alcibiade, et on disait communément que c'était lui qui faisait réussir tout ce qu'on entreprenait. Les plus puissans et les plus ambitieux des Spartiates, animés des mêmes sentimens de jalousie, le regardaient de mauvais œil, et enfin ils firent tant par leurs menées, qu'ils obligèrent les principaux magistrats d'écrire en Ionie qu'on le fît mourir. Alcibiade, secrètement informé de cet ordre, ne laissa pas de rendre encore de bons services aux Lacédémoniens; mais il se tint si bien sur ses gardes, qu'il évita tous les pièges qu'on lui tendait.

(Av. J.-C. 411.) Pour plus grande sûreté, il se jeta entre les bras de Tissapherne, satrape du grand roi, à Sardes; et ne fut pas long-temps sans se voir au premier degré de crédit et d'autorité à la cour de ce barbare, car ce Perse, plein de fraude et de ruse, grand ami des fourbes et des méchans, et qui ne faisait nul cas de la simplicité et de la sincérité, ne se lassait point d'admirer la souplesse d'Alcibiade, la facilité avec laquelle il prenait toute sorte de mœurs et de caractères, et sa grande habileté dans le maniement des affaires : aussi n'y avait-il point de cœur si dur, ni de naturel si sauvage, qui pût tenir contre les graces et les charmes de sa conversation et de son commerce. Ceux-mêmes qui le craignaient le plus, et qui lui portaient le plus d'envie, enchantés en quelque sorte par son air afable et ses manières prévenantes, ne pouvaient dissimuler le plaisir infini qu'ils sentaient à le voir et à le fréquenter.

Tissapherne donc, quoique d'ailleurs très féroce, et celui de tous les Perses qui haïssait le plus les Grecs, fut tellement séduit par les complaisances et per les flatteries d'Alcibiade, qu'il se livra entièrement à lui, ne cherchant qu'à lui plaire, et le flattant encore plus qu'il n'en était flatté ; jusque là qu'il donna le nom d'Alcibiade à celui de ses jardins qui était le plus beau et le plus délicieux, tant par l'abondance de ses eaux et par la fraîcheur des bocages, que par la beauté surprenante des retraites et des solitudes que l'art et la nature embellissaient à l'envi, et où éclatait une magnificence royale.

Alcibiade, qui ne trouvait plus de sûreté pour lui dans le parti des Spartiates, et qui craignait toujours le ressentiment d'Agis, commença à leur rendre de mauvais offices auprès de Tissapherne, pour l'empêcher de les secourir de toutes ses forces et de ruiner entièrement les Athéniens. Il n'eut pas de peine à faire entrer le satrape dans ses vues, qui étaient conformes aux intérêts de son maître et aux ordres qu'il en avait reçus : car, depuis le fameux traité conclu sous Cimon, les rois de Perse, n'osant plus attaquer ouvertement les Grecs, travaillèrent à les ruiner par une autre voie. Ils cherchèrent à exciter sous mains parmi eux des divisions, et à les fomenter par des sommes considérables d'argent qu'ils faisaient couler tantôt à Athènes, tantôt à Lacédémone. Ils s'appliquèrent à balancer si bien les forces des deux républiques, que l'une ne pût pas opprimer tout-à-fait l'autre. Ils n'accordaient que des secours légers, et qui n'étaient point décisifs, afin de miner insensiblement et de consumer peu à peu les deux partis en les affaiblissant l'un par l'autre.

C'est dans cette sorte de conduite que la politique fait consister l'habileté des ministres, qui, du fond de leur cabinet, sans se donner de grands mouvemens, sans faire de grandes dépenses, sans mettre sur pied des armées nombreuses, parviennent à affaiblir les états dont la puissance leur donne de l'ombrage, soit en semant des divisions dans le sein même de ses états, soit en entretenant des jalousies parmi les peuples voisins pour les mettre aux prises les uns contre les autres.

Il faut pourtant avouer que cette politique ne donne pas une idee bien avantageuse des rois de Perse. Se réduire, puissans comme ils étaient, à ces voies basses, obscures et détournées, c'était avouer leur faiblesse et l'impuissance où ils se croyaient d'attaquer à force ouverte leurs ennemis, et d'en tirer raison par des voies d'honneur. D'ailleurs est-il permis d'employer de tels moyens à l'égard des peuples contre lesquels on ne forme aucune plainte, qui vivent en paix sous la foi des traités, et dont tout le crime est la crainte qu'on a qu'ils ne puissent nuire un jour? Peut-on, par des corruptions secrètes, tendre des pièges à la fidélité des sujets, et se rendre complice de leur trahison en armant leurs mains contre leur propre patrie?

Quel nom, quelle réputation ne se serait point acquis un roi de Perse, si, content des vastes et riches états que la Providence lui avait donnés, il eût employé ses bons offices, sa puissance, ses richesses même, pour concilier entre eux les peuples voisins, pour dissiper leurs jalousies, pour empêcher les injustices; et si, redouté et respecté de tous, il s'était rendu le médiateur de leurs différends, le lien de la paix et le garant des traités! Y a-t-il conquête, quelque grande qu'elle soit, qui approche de cette gloire?

Tissapherne agissait selon d'autres principes, et il ne songeait qu'à mettre les

Grecs hors d'état d'attaquer les Perses, leurs ennemis communs. Il entra donc volontiers dans les vues d'Alcibiade; et, dans le temps même qu'il se déclarait ouvertement pour les Lacédémoniens, il ne laissait pas d'assister sous main et par mille voies détournées les Athéniens, soit en différant le paiement de la flotte des Lacédémoniens, soit en retardant l'arrivée de celle de Phénicie, qu'il leur faisait espérer depuis long-temps. Il ne perdait aucune occasion de donner à Alcibiade des marques de son estime et de son amitié; ce qui rendit ce général également considérable aux deux partis. Les Athéniens, qui se trouvaient fort mal de s'être attiré sa haine, n'étaient pas à se repentir de la condamnation qu'ils avaient prononcée contre lui. Alcibiade aussi, de son côté, très fâché de voir les Athéniens dans une si triste situation, commença à craindre que, la ville d'Athènes venant à être entièrement ruinée, il ne tombât entre les mains des Spartiates, qui le haïssaient mortellement.

§ II. Ce qui actuellement occupait le plus les Athéniens, était Samos, où ils avaient toutes leurs forces. De là, avec leur flotte, ils remettaient sous leur obéissance les villes qui les avaient abandonnés, retenaient les autres dans le devoir, et se trouvaient encore en état de faire tête à leurs ennemis, sur lesquels ils avaient remporté plusieurs avantages. Mais ils craignaient Tissapherne, et les cent cinquante vaisseaux de Phénicie qu'il attendait incessamment; et ils voyaient bien qu'après la jonction d'une si puissante flotte il n'y avait plus de salut pour leur ville. Alcibiade, bien averti de tout ce qui se passait chez eux, envoya secrètement à Samos vers les principaux des Athéniens pour sonder leurs sentimens, et pour leur faire entendre qu'il n'était pas éloigné de retourner à Athènes, pourvu qu'on donnât l'administration de la république aux grands et aux puissans, et non pas à la vile populace, qui l'avait chassé. Quelques-uns des premiers officiers partirent de Samos dans le dessein de concerter avec lui les mesures qu'il était à propos de prendre pour faire réussir cette entreprise. Il promit de procurer aux Athéniens non-seulement l'amitié de Tissapherne, mais même celle du roi, à condition qu'on abolirait la démocratie, c'est-à-dire le gouvernement populaire, parce que le roi prendrait plus d'assurance sur la parole des grands que sur celle d'un peuple inconstant et léger.

Les députés prêtèrent volontiers l'oreille à ces propositions, et conçurent de grandes espérances de se décharger eux-mêmes d'une parti des impositions publiques, parce qu'étant les plus riches, ils étaient aussi les plus foulés; et de rendre leur patrie triomphante après s'être emparés du gouvernement. A leur retour, ils commencèrent par gagner ceux qui étaient les plus propres à entrer dans leur dessein; puis ils firent répandre parmi les troupes, que le roi paraissait disposé à se déclarer en faveur des Athéniens, et à payer l'armée, à condition qu'on rétablît Alcibiade et qu'on abolît le gouvernement populaire. Cette proposition étonna d'abord les soldats, et trouva de l'opposition dans la plupart; mais l'appât du gain, et l'espérance d'un changement qui leur serait utile, adoucit bientôt ce qu'elle avait de dur et de choquant, et les fit passer jusqu'à un desir violent de rappeler Alcibiade.

Phrynique, l'un des chefs, jugeant, comme il était vrai, qu'Alcibiade se souciait aussi peu de l'oligarchie que de la démocratie, et qu'en décriant la conduite du peuple il ne cherchait qu'à se mettre dans les bonnes graces des nobles pour se faire rétablir, eut la hardiesse de s'opposer aux résolutions qu'on voulait prendre. Il représenta que le changement qu'on méditait pourrait bien exciter une guerre civile qui causerait la ruine de l'état; qu'il y avait peu d'apparence que le roi de Perse préférât l'alliance des Athéniens à celle des Spartiates, qui lui était bien plus avantageuse; que ce changement ne retiendrait pas les alliés dans le devoir, et n'y ferait pas rentrer ceux qui en étaient sortis, parce qu'ils aimeraient encore mieux leur liberté; que le gouvernement d'un petit nombre d'hommes riches et puissans ne serait pas plus favorable aux citoyens ou aux alliés que celui du peuple, parce que c'était l'ambition qui causait tous les maux dans une république, et que c'étaient les riches qui excitaient tous les troubles pour leur agrandissement : qu'il se faisait plus de violences dans un état sous la domination des grands que sous celle du peuple, dont l'autorité les tenait en bride, et servait d'asile à ceux qu'ils voulaient opprimer; que les alliés le savaient assez par leur propre expérience, sans qu'il fût besoin qu'on leur fît des leçons sur ce sujet.

Ces remontrances, quelque sages qu'elles fussent, n'eurent aucun effet. Pisandre fut envoyé à Athènes, avec quelques-uns de la même faction, pour proposer le retour d'Alcibiade et l'alliance de Tissapherne, avec l'abolition de la démocratie. Ils firent entendre qu'en changeant de gouvernement, et en rappelant Alcibiade, on tirerait du roi de Perse de puissans secours, qui seraient un moyen sûr de triompher de Lacédémone. A cette proposition, le grand nombre se récria, et surtout les ennemis d'Alcibiade. Ils alléguaient, entre autres raisons, les imprécations et les exécrations prononcées par les prêtres et par tous les autres ministres de la religion contre Alcibiade, et même contre ceux qui proposeraient de le rappeler. Mais Pisandre s'avançant parmi la foule, leur demanda s'ils savaient quelque autre moyen de sauver la république dans le triste état où elle était réduite. Et, comme ils avouaient que non, il ajouta qu'il s'agissait de sauver l'état, et non pas l'autorité des lois, auxquelles on pourrait pourvoir dans la suite ; mais que pour le présent c'était là l'unique voie de parvenir à l'amitié du roi et à celle de Tissapherne. Quoique ce changement déplût fort au peuple, il y consentit à la fin, dans l'espérance de rétablir un jour la démocratie, comme Pisandre le promettait, et ordonna qu'il irait, suivi de dix députés, traiter avec Alcibiade et Tissapherne : et cependant Phrynique fut révoqué, et l'on en nomma un autre à sa place pour commander la flotte.

Les députés ne trouvèrent pas Tissapherne aussi bien disposé qu'on le leur avait fait espérer. Il craignait les Péloponésiens, mais il ne voulait pas rendre ceux d'Athènes trop puissans. Sa politique était, selon le conseil d'Alcibiade, de laisser les deux partis toujours en guerre, pour les affaiblir et les consumer l'un par l'autre. Il se rendit fort difficile. Il demanda d'abord que les Athéniens lui abandonnassent toute l'Ionie; ensuite, qu'ils y ajoutassent les îles voisines, et quand on lui eut accordé ces demandes, il exigea encore, dans une troisième entrevue, qu'on lui permît d'équiper une armée navale, et de courir les mers de la Grèce, ce qui était formellement défendu par le célèbre traité conclu sous Artaxerxe. Alors on rompit avec colère, et les députés reconnurent qu'Alcibiade les avait joués.

Tissapherne, sans perdre de temps, conclut un nouveau traité avec les Péloponésiens. On y réforma ce qui avait déplu dans les deux précédens. L'article par lequel on cédait à la Perse généralement tous les pays que Darius actuellement régnant ou ses prédécesseurs avaient possédés, fut restreint aux provinces de l'Asie. Le roi s'engagea à entretenir sur le pied ordinaire la flotte des Lacédémoniens dans l'état où elle était actuellement, et cela jusqu'à l'arrivée de celle de Perse; après quoi ils seraient tenus de l'entretenir eux-mêmes, s'ils n'aimaient mieux que le roi la payât, à condition qu'ils le rembourseraient après la fin de la guerre. Le traité portait qu'ils joindraient ensemble leurs forces pour faire la guerre ou la paix d'un commun accord. Tissapherne, pour tenir sa promesse, manda la flotte de Phénicie. Ce traité fut fait la onzième année du règne de Darius, et la vingtième de la guerre du Péloponèse.

XXIe et XXVe années de la guerre.

§ III. Pisandre, de retour à Athènes, trouva les choses bien avancées pour le changement qu'il avait proposé en partant, et il y mit bientôt la dernière main. Pour donner une forme à ce nouveau gouvernement, il fit nommer dix commissaires avec un pouvoir absolu, qui devaient pourtant, dans un temps marqué, rendre compte au peuple de ce qu'ils auraient fait. Quand ce temps fut expiré, ils convoquèrent l'assemblée. On commença par statuer qu'il serait permis à chacun de proposer ce qu'il lui plairait, sans qu'on pût l'accuser d'avoir violé les lois, ni lui faire rien souffrir en conséquence. Ensuite il fut arrêté qu'on formerait un nouveau conseil, qui serait maître des affaires et qui élirait de nouveaux magistrats. Pour cet effet, on établit cinq présidens, qui nommèrent cent hommes dont ils faisaient partie, et chacun d'eux en choisit et en associa trois à sa volonté; ce qui faisait en tout quatre cents, auxquels on donna un pouvoir absolu. Mais pour amuser le peuple et le consoler par une ombre de gouvernement populaire pendant qu'ils établissaient une véritable oligarchie, il fut dit que ces quatre cents appelleraient au conseil cinq mille citoyens quand ils le jugeraient à propos. Le conseil et les assemblées du peuple se tenaient à l'ordinaire; mais rien ne se faisait pourtant que par l'ordre des quatre cents C'est ainsi que le peuple d'Athènes fut dépouillé de sa liberté, dont il jouissait depuis près de cent ans qu'il avait aboli la tyrannie des Pisistratides.

Après que ce décret fut passé sans contradiction, et que l'assemblée fut séparée, les quatre-cents, armés de poignards, et accompagnés de six-vingts jeunes hommes, dont ils se servaient lorsqu'il fallait faire quelque exécution, entrèrent dans le sénat, et contraignirent les sénateurs de se retirer après leur avoir payé ce qui leur était dû de leurs appointemens. Ils nommèrent de nouveaux magistrats tirés de leur corps, observant dans ce choix les cérémonies ordinaires. Ils ne jugèrent pas à propos de rappeler les bannis, pour n'être obligés de faire revenir Alcibiade, dont ils redoutaient l'esprit de domination, et qui se serait bientôt rendu maître du peuple. Usant tyranniquement de leur pouvoir, ils tuaient les uns, bannissaient les autres, et confisquaient impunément leurs biens. Tous ceux qui osaient s'opposer à ce changement, ou même s'en plaindre, étaient égorgés sous quelque faux prétexte, et on aurait été mal reçu à demander justice des meurtriers. Les quatre-cents, aussitôt après leur établissement, envoyèrent dix députés à Samos pour le faire agréer à l'armée.

On y avait déja appris tout ce qui s'étoit passé à Athènes, et sur cette nouvelle les soldats étaient entrés en fureur. Ils déposèrent sur-le-champ plusieurs des chefs qui leur étaient suspects, et en mirent d'autres en leur place, dont Thrasyle et Thrasybule étaient les principaux et les plus accrédités. Alcibiade fut rappelé, et choisi par toute l'armée pour le généralissime. Ils voulaient dans le moment même faire voile vers le Pirée et aller attaquer les tyrans. Mais il s'y opposa, représentant qu'il fallait auparavant qu'il eût une entrevue avec Tissapherne, et que, puisqu'on l'avait élu général, on pouvait se reposer sur lui des soins de la guerre. Il partit sur-le-champ pour se rendre à Milet. Son principal dessein était de se faire voir à ce satrape avec toute la puissance dont on l'avait revêtu, et de lui montrer qu'il était en état de lui faire beaucoup de bien et beaucoup de mal. Aussi arriva-t-il de là que, comme il avait tenu en bride les Athéniens par Tissapherne, il tint aussi en respect Tissapherne par les Athéniens, et la suite fera voir que cette entrevue ne fut pas inutile.

Alcibiade, de retour à Samos, y trouva les esprits encore plus échauffés qu'auparavant. Les députés des quatre-cents y étaient arrivés pendant son absence, et avaient entrepris en vain de justifier devant les soldats le changement qui s'était fait à Athènes. Leur discours, qui fut souvent interrompu par des cris tumultueux, ne servit qu'à les irriter de plus en plus, et ils demandaient avec instance que sur-le-champ on les menât contre les tyrans. Alcibiade ne fit pas en cette occasion ce qu'aurait fait tout autre que lui, qui se serait vu élevé à une si haute dignité par la faveur du peuple ; car il ne crut pas qu'il dût complaire en tout et ne rien refuser à ceux qui, de fugitif et banni qu'il était, l'avaient fait capitaine général d'une flotte de tant de vaisseaux, et d'une armée si nombreuse et si formidable ; mais, en homme d'état et en grand politique, il se crut obligé de s'opposer à la fureur aveugle qui allait les précipiter dans un danger évident, et de les empêcher de commettre une faute qui n'aurait pas manqué d'entraîner leur ruine entière. Cette sage fermeté sauva la ville d'Athènes ; car, s'ils eussent d'abord mis à la voile pour s'en retourner, les ennemis se seraient rendus maîtres sans résistance de l'Ionie, de l'Hellespont et de toutes les îles, pendant que les Athéniens, portant la guerre dans leur propre ville, auraient consumé toutes leurs forces les uns contre les autres. Il empêcha qu'on ne maltraitât les députés, et les renvoya en disant qu'il ne s'opposait pas à ce que les cinq mille citoyens eussent la souveraine autorité dans la république, mais qu'il fallait déposer les quatre-cents et rétablir le sénat.

Pendant tous ces mouvemens, la flotte de Phénicie, que les Lacédémoniens attendaient avec impatience, approchait, et l'on apprit qu'elle était arrivée à Aspende*. Tissapherne partit pour aller au-devant, sans qu'on pût deviner au juste la cause de ce voyage. Il avait d'abord mandé cette flotte pour flatter les Péloponésiens de l'espérance de ce puissant secours, et pour arrêter leurs progrès en la leur faisont attendre. On croit qu'il partit pour la même raison, afin qu'ils ne fissent rien en son absence, et que leurs soldats et leurs matelots se débandassent faute de paie. Quoi qu'il en soit, il ne l'amena point, sans doute pour tenir toujours la balance égale, ce qui était l'intérêt du roi de Perse, et pour consumer les uns et les autres par la longueur de la guerre; car il lui eût été bien facile de la terminer par le secours de cette nouvelle flotte, puisque celle du Péloponèse était déja aussi forte toute seule que celle d'Athènes. L'excuse frivole qu'il allégua, de ne l'avoir pas amenée parce qu'elle n'était pas complète, marque assez qu'il avait eu une autre raison.

* Ville de Pamphylie.

Le retour infructueux des députés qu'on avait envoyés à Samos et la réponse d'Alcibiade excitèrent de nouveaux troubles dans la ville, et portèrent un coup mortel à l'autorité des quatre-cents. Le tumulte augmenta encore infiniment quand on eut appris que les ennemis, après avoir battu la flotte que les quatre-cents avaient envoyée au secours de l'Eubée, s'étaient rendus maîtres de l'île. Cette nouvelle répandit la terreur et le découragement dans Athènes; car ni la défaite de Sicile, ni aucune autre des précédentes, n'était aussi considérable que la perte de cette île, d'où la ville tirait presque toutes ses provisions. Si, dans la confusion où était alors Athènes, partagée en deux factions, la flotte victorieuse était venue fondre dans le port, comme elle le pouvait, l'armée de Samos n'aurait pu se dispenser d'accourir au secours de sa patrie; et pour lors il ne fût resté à la république de tout son empire que la ville d'Athènes; car l'Hellespont, l'Ionie et toutes les îles, se voyant abandonnés, auraient été contraints de prendre parti, et de paser du côté des Péloponésiens. Mais les ennemis ne furent pas capables d'un si haut dessein; et ce n'est pas la première fois qu'on a remarqué que les Lacédémoniens ont perdu leurs avantages par leur lenteur naturelle.

On n'hésita plus dans Athènes à déposer les quatre-cents comme auteurs des troubles et des divisions qui la déchiraient. Alcibiade fut rappelé d'un commun consentement, et on le pressa d'accourir promptement au secours de la ville. Mais lui, jugeant que, s'il retournait sur-le-champ à Athènes, il ne devrait son rappel qu'à la compassion et à la faveur du peuple, il voulut, pour rendre son retour glorieux et triomphant, mériter ce rappel par quelque exploit considérable. [Av. J.-C. 409.] C'est pourquoi, étant parti de Samos avec un petit nombre de vaisseaux, il croisait autour des îles de Cos et de Gnide; et ayant appris que Mindare, amiral de Sparte, naviguait vers l'Hellespont avec toute sa flotte, et que les Athéniens le poursuivaient, il tourna de ce côté-là avec une extrême diligence pour secourir les Athéniens; et heureusement il arriva avec ses dix-huit vaisseaux dans le temps que les deux flottes étaient engagées, vis-à-vis d'Abydos, dans un combat qui dura jusqu'à la nuit, et dans lequel chacune était battue d'un côté pendant qu'elle avait l'avantage de l'autre. Son arrivée redoubla d'abord le courage des Spartiates, qui le croyaient encore ami, et abattit celui des Athéniens. Mais Alcibiade, arborant sur son bord amiral les enseignes athéniennes, fondit sur les Lacédémoniens, qui étaient les plus forts, et qui poursuivaient vivement l'ennemi, les mit en fuite, les poussa contre terre; et animé par ce succès, il brisa leurs vaisseaux et fit un grand carnage des soldats qui s'étaient jetés dans l'eau pour se sauver à la nage, quoique Pharnabaze n'oubliât rien pour les secourir, et qu'à la tête de ses troupes il se fût avancé sur le rivage pour favoriser leur fuite et pour sauver leurs vaisseaux. Enfin les Athéniens, s'étant rendus maîtres de trente de leurs navires, et ayant repris ceux qu'ils avaient perdus, érigèrent un trophée.

[Av. J.-C. 408.] Alcibiade, enflé de ce grand succès, eut l'ambition de vouloir paraître devant Tissapherne dans ce triomphant appareil, et de lui faire des présens fort riches, tant en son nom qu'au nom des Athéniens. Il alla donc le trouver avec un train magnifique et digne du général des Athéniens. Mais il n'en reçut pas l'accueil favorable qu'il avait attendu : car Tissapherne, qui se voyait accusé par les Lacédémoniens, et qui craignait que le roi ne le punît enfin de n'avoir pas exécuté ses ordres, trouva qu'Alcibiade s'offrait à lui fort à propos, le fit arrêter et l'envoya prisonnier à Sardes, pour se mettre à couvert par cette injustice des accusation des Lacédémoniens.

Trente jours après, Alcibiade, ayant trouvé moyen d'avoir un cheval, échappa à ses gardes, s'enfuit à Clazomène, et, pour se venger de Tissapherne, il sema le bruit que c'était lui qui l'avait relâché. De Clazomène, il se rendit à la flotte des Athéniens, où Théramène le joignit avec vingt vaisseaux de Macédoine, et Thrasybule avec vingt autres de Thasos. Il fit voile à Parium dans la Propontide. Tous ses vaisseaux, au nombre de quatre-vingt-six, y étant arrivés, il en partit la nuit, et arriva le lendemain matin à Proconèse, petite île vis-à-vis de Cyzique. Il apprit là que Mindare était à Cyzique avec Pharnabaze, qui y avait son armée de terre. Il se reposa tout le jour à Proconèse. Le lendemain il harangua ses soldats, et leur représenta la nécessité qu'il y avait d'attaquer les ennemis par terre et par mer, et de se rendre maître de Cyzique, leur faisant voir que, si leur victoire n'était entière et complète, ils ne trouveraient ni vivres ni argent. Sa grande attention avait été que les ennemis ne pussent être avertis de son approche. Par bonheur pour lui, une grosse pluie, accompagnée de furieux tonnerres et suivie d'une épaisse obscurité, lui servit si bien à cacher son entreprise, que non-seulement les ennemis ne s'aperçurent pas qu'il approchait, mais que les Athéniens mêmes, qu'il avait fait embarquer avec précipitation, ne sentirent pas qu'on avait levé l'ancre et qu'ils étaient partis.

Quand l'obscurité fut dissipée, on aperçut les vaisseaux du Péloponèse, qui, ayant pris un peu le large, s'exerçaient vis-à-vis du port. Alcibiade, qui craignit que les ennemis, voyant le grand nombre des vaisseaux qui le suivaient, ne gagnassent la rade, ordonna aux capitaines de demeurer un peu derrière et de ne le suivre que de loin; et, prenant seulement quarante vaisseaux, il va se présenter aux ennemis, et leur offre la bataille. Les ennemis, trompés par ce stratagème et méprisant son petit nombre, s'avancent contre lui et engagent le combat. Mais voyant arriver les autres vaisseaux athéniens, ils perdent courage tout d'un coup et prennent la fuite. Alcibiade se détache alors avec vingt des meilleurs vaisseaux, s'approche du rivage, met pied à terre poursuit vivement les fuyards, et en tue un fort grand nombre. Mindare et Pharnabaze s'opposent inutilement à ses efforts; il tue le premier, qui combattait avec une valeur surprenante, et met l'autre en fuite.

Les Athéniens, par cette victoire, qui les rendait maîtres des morts, des armes, des dépouilles et généralement de tous les vaisseaux, et par la prise de Cyzique, s'assurèrent non-seulement la domination de l'Hellespont, mais chassèrent encore les Spartiates de toute cette mer. On surprit des lettres par lesquelles ces derniers, avec une précision fort laconique, donnaient avis aux éphores du grand échec qu'ils avaient reçu. Elles étaient écrites en ces termes : « La fleur de votre armée a péri, Mindare est mort, le reste des troupes meurt de faim, et nous ne savons que faire ni que devenir. »

Autant la nouvelle du gain de cette bataille répandit de joie à Athènes, autant les Lacédémoniens en furent consternés. Ils envoyèrent sur-le-champ des ambassadeurs pour demander qu'on mît fin à une guerre également funeste aux deux peuples, et qu'on fît à des conditions raisonnables une paix qui rétablît entre eux l'ancienne concorde et l'ancienne amitié dont on avait senti pendant plusieurs années des effets si salutaires. Tout ce qu'il y avait de citoyens sages et sensés à Athènes était d'avis de profiter d'une conjoncture si favorable, et de travailler à conclure un traité qui finît toutes les jalousies, qui apaisât tous les ressentimens, et qui guérît toutes les défiances. Mais ceux qui trouvaient leur avantage dans les troubles de l'état empêchèrent l'effet d'une si heureuse disposition. Cléophon entre autres, le plus accrédité des orateurs de ce temps, étant monté sur la tribune aux harangues, anima le peuple par un discours violent et séditieux, lui faisant entendre que par une secrète intelligence avec les Lacédémoniens on trahissait ses intérêts, qu'on voulait lui faire perdre tout le fruit de l'importante victoire qu'il venait de remporter, et lui ôter pour toujours l'occasion de se venger pleinement de tous les torts et de tous les maux que Sparte lui avait fait souffrir. Ce Cléophon était un homme de rien, un ouvrier d'instrumens de musique. On prétend même qu'il avait été esclave, et qu'il s'était fait inscrire par fraude dans le registre des citoyens. Il porta l'audace et la fureur jusqu'à menacer d'enfoncer son poignard dans la gorge de quiconque parlerait de paix. Les Athéniens, enivrés de leur prospérité présente, oubliant tous les maux passés, se promettant tout du courage et du bonheur d'Alcibiade, rejetèrent avec hauteur toute proposition d'accommodement, sans faire réflexion qu'il n'y a rien de si journalier ni de si incertain que le succès des armes. Les ambassedeurs se retirèrent sans avoir pu rien obtenir. Un tel enivrement, un orgueil si déraisonnable, sont les avant-coureurs ordinaires de quelque grand désastre.

Alcibiade sut bien profiter de la victoire qu'il avait remportée. Il alla sur-le-champ assiéger Chalcédoine, qui s'était révoltée contre les Athéniens, et qui avait reçu garnison de Lacédémone. Pendant ce siège, il prit une autre ville nommée Sélymbrie. Pharnabaze, effrayé de la rapidité de ses conquêtes, fit un traité avec les Athéniens, qui portait : « que Pharnabaze leur compterait une certaine somme : que les Chalcédoniens rentreraient dans l'obéissance et dans la dépendance des Athéniens, et leur paieraient tribut; et que les Athéniens ne commettraient aucun acte d'hostilité sur les terres de Pharnabaze, qui s'engageait de faire conduire en toute sûreté leurs ambassadeurs au grand roi. » Byzance et plusieurs autres villes se soumirent aux Athéniens.

(Av. J.-C. 407.) Alcibiade, qui souhaitait avec une passion démesurée de revoir sa patrie, ou plutôt de se faire voir à ses citoyens après tant de victoires qu'il avait remportées sur les ennemis, reprit le chemin d'Athènes. Tous ces vaisseaux étaient bordés de boucliers et de toutes sortes de dépouilles en forme de trophées; et traînant après lui, comme en triomphe, un grand nombre de navires qu'il avait pris, il étalait encore les enseignes et les ornemens de ceux qu'ils avaient brûlés, et qui étaient en plus grand nombre, car les uns et les autres faisaient environ deux cents vaisseaux. On remarque que, dans le souvenir de tout ce qui avait été fait contre lui, en s'approchant du port il fut saisi de quelque mouvement de crainte, et qu'il n'osa débarquer qu'après qu'il eut vu du haut du tillac un grand nombre de ses parens et de ses amis qui étaient venus sur le rivage pour le recevoir, et qui le pressaient de descendre.

Le peuple était sorti en foule de la ville pour aller à sa rencontre. Dès qu'il parut, ce furent de tous côtés des cris de joie incroyables. Au milieu de ce nombre infini d'officiers et de soldats, tous les yeux étaient uniquement arrêtés sur lui comme s'il eût été seul, et on le regardait comme descendu du ciel, et comme la Victoire même. Tous, s'empressant autour de lui, le caressaient, le bénissaient, et le couronnaient à l'envie. Ceux qui ne pouvaient l'approcher ne se lassaient point de le contempler de loin, et les vieillards le montraient à leurs enfans. On rapportait avec éloge toutes les belles actions qu'il avait faites pour sa patrie, et l'on ne pouvait refuser son admiration à celles mêmes qu'il avait faites contre elle pendant son exil, dont ils s'imputaient la faute à eux seuls. Cette allégresse publique était mêlée de regrets et de larmes qu'arrachait le souvenir de leurs maux passés, qu'ils ne pouvaient s'empêcher de comparer avec leur félicité présente. « Jamais, disaient-ils, ils n'auraient manqué la conquête de la Sicile; jamais toutes les autres espérances qu'ils avaient conçues n'auraient avorté, s'ils avaient remis toutes leurs affaires et toutes leurs forces entre les mains d'Alcibiade seul. En quel état se trouvait Athènes quand il en avait pris la protection et la défense? Non-seulement elle avait perdu la domination presque entière de la mer, mais elle était à peine demeurée maîtresse de ses faubourgs;

et, pour surcroît de malheur, elle se voyait encore déchirée par une horrible guerre civile. Il l'avait pourtant relevée et tirée de ses ruines; et, non content de l'avoir remise en possession de l'empire de la mer, il l'avait aussi rendue partout victorieuse sur la terre ferme, comme si le sort d'Athènes eût été entre les mains de cet homme seul, soit pour sa ruine, soit pour son rétablissement, et que la victoire fût attachée à sa personne et prît ses ordres. »

Ce favorable accueil qu'on venait de faire à Alcibiade ne l'empêcha pas de demander une assemblée du peuple, afin qu'on l'entendît dans ses justifications, sentant bien la nécessité qu'il y avait pour sa sûreté qu'il fût absous dans les formes. Il comparut donc, et, après avoir déploré ses malheurs, dont il n'accusa que fort légèrement le peuple, et qu'il rejeta entièrement sur sa mauvaise fortune et sur quelque démon envieux de sa prospérité, il les entretint des desseins de leurs ennemis, et les exhorta à ne concevoir que de grandes espérances. Les Athéniens, ravis de l'entendre, lui décernèrent des couronnes d'or, le nommèrent général sur terre et sur mer sans donner de bornes à sa puissance, lui rendirent tous ses biens, et ordonnèrent aux Eumolpides et aux Céryces* de l'absoudre des malédictions qu'ils avaient prononcées contre lui par ordre du peuple, s'efforçant de réparer l'injure et la honte de son exil par la gloire de son rappel, et d'effacer le souvenir des anathèmes qu'eux-mêmes avaient ordonnés, par les vœux et les prières qu'ils faisaient en sa faveur. Tous les Eumolpides et les Céryces étaient occupés à révoquer leurs imprécations ; le principal d'entre eux nommé Théodore, eut le courage de dire : Mais moi, je ne l'ai point maudit, s'il n'a point fait de mal à la ville; insinuant, par cette parole hardie, que les malédictions, étant conditionnelles, ne pouvaient ni tomber sur la tête des innocens, ni être détournées de celle des coupables.

Au milieu de cette gloire et de cette prospérité brillante d'Alcibiade, la plus grande partie du peuple ne laissait pas

* Les Eumolpides et les Céryces étaient deux familles à Athènes, employées à différentes fonctions dans les mystères de Cérès. Ces noms ve-

d'être troublée quand on considérait le temps de son retour : car il était arrivé justement le jour où les Athéniens célébraient une fête en l'honneur de Minerve, adorée sous le nom d'Agraule. Les prêtres ôtaient à la statue de la déesse tous ses ornemens pour la laver, ce qui fit appeler cette fête *Plunteria*, et la couvraient ensuite; et ce jour était regardé comme un des plus funestes et des plus malheureux. C'était le 25 du mois thargélion, qui répond au second jour de notre mois de juillet. Cette circonstance déplut à ce peuple superstitieux, parce qu'il semblait que la déesse patronne et protectrice d'Athènes ne recevait pas Alcibiade agréablement et avec un visage serein, puisqu'elle se couvrait et se cachait comme pour le repousser et l'éloigner d'elle.

Toutes choses lui ayant pourtant réussi selon ses desirs, et les cent vaisseaux qu'il devait commander étant prêts, il différa son départ par une louable ambition de cé-

naient d'Eumolpus et de Céryx, les premiers qui avaient exercé ces fonctions. Peut-être que le ministère des derniers avait quelque rapport à celui des *hérauts*.

lébrer les grands mystères : car depuis le jour que les Lacédémoniens avaient fortifié Décélie et occupé tous les chemins qui mènent d'Athènes à Éleusis, la fête n'avait pas été célébrée avec toute sa pompe, et on avait été obligé de conduire la procession par mer. On peut voir dans le volume suivant toutes les cérémonies particulières de cette solennité.

Alcibiade crut que ce serait une très belle action qui lui attirerait les bénédictions des dieux et les louanges des hommes, s'il rendait à cette fête tout son lustre et sa solennité en conduisant la procession par terre, et en la faisant escorter par ses troupes pour la défendre contre les attaques de leurs ennemis ; car, ou Agis la laisserait passer tranquillement malgré les nombreuses troupes qu'il avait à Décélie, ce qui diminuerait considérablement la réputation de ce roi et ternirait sa gloire ; ou s'il prenait le parti de l'attaquer et de s'opposer à sa marche, il aurait alors la satisfaction de livrer un saint combat, un combat agréable aux dieux, pour le plus grand et le plus vénérable de tous leurs mystères, sous les yeux de sa patrie et de ses propres citoyens, qui seraient les témoins de son courage et de son respect pour les dieux. Il y a beaucoup d'apparence que, dans cet acte public et extérieur de religion, qui frappait d'une manière sensible les yeux du peuple, et qui était extrêmement de son goût, le principal dessein d'Alcibiade était d'effacer entièrement des esprits les soupçons d'impiété que la mutilation des statues et la profanation des mystères y avaient fait naître.

Cette résolution prise, il avertit les Eumolpides et les Céryces de se préparer, envoie des sentinelles sur les hauteurs, détache quelques coureurs dès la pointe du jour, et, prenant les prêtres, les initiés et les confrères avec ceux qui les initiaient, et les couvrant de son armée, il conduit toute cette pompe avec un ordre merveilleux, et dans un très grand silence. Jamais il n'y eut, dit Plutarque, de spectacle plus auguste ni plus digne de la majesté des dieux, que cette procession guerrière et cette expédition religieuse, où ceux qui ne portaient point d'envie à la gloire d'Alcibiade étaient obligés d'avouer qu'il ne réussissait pas moins à faire les fonctions de grand-prêtre que celles de général. Aucun des ennemis n'osa paraître, ni troubler cette pompeuse marche; et Alcibiade ramena la sacrée troupe dans Athènes avec une entière sûreté. Ce succès lui éleva encore plus le courage, et augmenta si fort la fierté et l'audace de son armée, qu'elle se regardait comme invincible pendant qu'il la commanderait.

Il gagna tellement l'affection des pauvres et de tout le bas peuple, qu'ils souhaitaient avec une passion démesurée de l'avoir pour roi. Plusieurs s'en expliquaient hautement, et il y en eut qui, s'adressant à lui-même, l'exhortèrent à se mettre au-dessus de l'envie, à ne s'embarrasser ni des lois, ni des décrets, ni des suffrages, à écarter les brouillons qui troublaient l'état par leurs vains discours, et à se rendre entièrement maître des affaires pour gouverner avec une pleine autorité, sans craindre les délateurs. Pour lui on ne saurait dire quelle était sa pensée sur la tyrannie, ni quel était son dessein; mais les plus puissans, craignant un embrasement dont ils voyaient déja des étincelles, le pressèrent de partir sans différer, en lui accordant tout ce qu'il demanda, et en lui donnant pour collègues les généraux qui lui étaient le plus agréables. Il mit donc à la voile avec cent vaisseaux et dirigea sa course vers l'île d'Andros qui s'était révoltée. Sa haute réputation, et le bonheur qu'il avait toujours eu dans toutes ses entreprisee, faisaient qu'on n'attendait rien de lui que de grand et d'extraordinaire.

XXVIe année de la guerre.

§ IV. Les Lacédémoniens, justement alarmés du retour et des heureux succès d'Alcibiade, comprirent qu'un tel ennemi demandait qu'on lui opposât un habile général, capable de lui tenir tête. Dans ce dessein ils choisirent Lysandre, et lui donnèrent le commandement de la flotte. Quand il fut arrivé à Ephèse, il trouva la ville très favorablement disposée pour lui, et très affectionnée pour Sparte, mais d'ailleurs dans une triste situation; car elle était en danger de devenir barbare en prenant les mœurs et les coutumes des Perses, qui y avaient un grand commerce, tant à cause du voisinage de la Lydie, que parce que les généraux du roi y passaient pour l'ordinaire leurs quartiers d'hiver. Cette vie oisive et voluptueuse, pleine de luxe et de faste ne pouvait pas manquer de déplaire infiniment à un homme tel que Lysandre, élevé dès son enfance dans la simplicité, la pauvreté et les durs exercices qui étaient en usage à Sparte. Ayant conduit son armée à Ephèse, il commanda qu'on y assemblât de tous côtés des vaisseaux de charge, y fit un arsenal pour la construction des galères, en ouvrit les ports aux marchands, en abandonna les places publiques aux ouvriers, mit tous les arts en mouvement et en honneur; et par ce moyen il remplit la ville de richesses, et jeta dès lors les fondemens de cette grandeur et de cette magnificence qu'on y vit dans la suite : tant l'industrie et l'habileté d'un homme seul est capable d'apporter de changement dans une ville et dans un état!

Pendant qu'il donnait ces ordres, il apprit que Cyrus, le plus jeune des fils du roi, était arrivé à Sardes : ce prince ne pouvait alors avoir plus de seize ans, étant né depuis l'avènement de son père à la couronne qui était dans la dix-septième année de son régne. Parysatis sa mère, en était idolâtre, et elle pouvait tout sur l'esprit de son mari. Ce fut elle qui lui fit donner le gouvernement en chef de toutes les provinces de l'Asie mineure : commandement qui soumettait à ses ordres tous les gouverneurs particuliers de la partie la plus importante de l'empire. La vue de Parysatis était sans doute de mettre ce jeune prince en état de disputer la couronne à son frère après la mort du roi, comme on verra qu'il le fit effectivement. Une des principales instructions que lui donna son père en l'envoyant dans son gouvernement, fut d'accorder des secours effectifs aux Lacédémoniens contre ceux d'Athènes : ordre bien opposé à la politique qu'avaient suivie jusque-là Tissapherne et les autres gouverneurs de ces provinces. Leur maxime avait été constamment d'aider tantôt un parti, et tantôt l'autre, pour balancer si bien leurs forces, que l'un ne pût jamais accabler tout-à-fait l'autre : d'où il arrivait qu'ils s'affaiblissaient tous deux par la guerre, et que jamais l'un des partis ne se trouvait en état de former des entreprises contre l'empire des Perses.

Lysandre, ayant donc appris que Cyrus était arrivé à Sardes, partit d'Ephèse pour aller le saluer, et pour se plaindre des longueurs et de la mauvaise foi de Tissapherne, qui, malgré les ordres qu'il avait reçus de soutenir les Lacédémoniens et de chasser les Athéniens de la mer, avait toujours sous main favorisé les derniers par considération pour Alcibiade, à qui il s'était livré, et avait été seul la cause de la perte de la flotte par le peu de provisions qu'il lui fournissait. Ce discours fit plaisir à Cyrus qui regardait Tissapherne comme un fort méchant homme, et comme son ennemi particulier. Il répondit qu'il avait ordre du roi de secourir puisamment les Lacédémoniens, et qu'il avait reçu pour cela cinq cents talens. Lysandre, contre le caractère ordinaire des Spartiates, était souple, pliant, plein de complaisance pour les grands, toujours disposé à leur faire sa cour, et supportant, pour le bien des affaires, tout le poids de leur orgueil et de leur faste avec une patience incroyable : en quoi plusieurs font consister la plus grande habileté et le plus grand mérite d'un courtisan.

Il ne s'oublia pas dans cette occasion-ci, et, mettant en œuvre tout ce que l'industrie et la souplesse d'un habile courtisan lui pouvaient suggérer de manières flatteuses et insinuantes, il gagna parfaitement les bonnes graces du jeune prince. Après l'avoir loué de sa générosité, de sa magnificence et de son zèle pour les Lacédémoniens, il le pria de donner une dragme par jour à chaque soldat ou matelot, pour débaucher par ce moyen ceux des ennemis, et mettre ainsi plus tôt fin à la guerre. Cyrus approuva fort son projet; mais il lui dit qu'il ne pouvait pas changer l'ordre du roi, et que le traité qu'on avait fait avec eux ne portait qu'un demi talent par mois pour chaque galère. Cependant le prince, à la fin d'un repas qu'il lui donna avant son départ, buvant à sa santé, et le pressant de lui demander quelque grace, Lysandre le pria de vouloir ajouter une obole à la paie qu'on donnait chaque jour aux matelots. Il le fit, leur donna quatre oboles au lieu de trois qu'ils recevaient auparavant, leur paya tous les arrérages qui leur étaient dus et un mois d'avance, et pour cela fit compter sur-le-champ à Lysandre dix mille dariques, c'est-à-dire cent mille francs.

Cette largesse remplit de joie et d'ardeur toute la flotte, et rendit presque vides toutes les galères des ennemis, la plupart des matelots accourant où la paie était la plus forte. Les Athéniens, au désespoir de cette nouvelle, tentèrent de se concilier Cyrus par l'entremise de Tissapherne; mais il ne voulut pas les écouter, quoique ce satrape lui représentât que l'intérêt du roi était, non d'agrandir les Lacédémoniens, mais de balancer la puissance des uns par celles des autres, pour perpétuer la guerre, et les ruiner par leurs divisions.

Quoique Lysandre eût fort affaibli les ennemis par la nouvelle augmentation de paie pour les matelots, et que par-là il eût fort incommodé leur marine, il n'osait hasarder contre eux un combat naval, redoutant surtout Alcibiade, qui était homme d'exécution, qui avait un plus grand nombre de vaisseaux, et qui jusqu'à ce jour n'avait jamais été vaincu dans aucun combat qu'il eût donné sur terre ou sur mer. Mais, après qu'Alcibiade fut parti de Samos pour aller à Phocée, dans l'Ionie, ramasser de l'argent, dont il avait besoin pour payer ses troupes, et qu'il eut laissé le commandement de sa flotte à Antiochus, avec défense expresse de combattre en son absence et d'attaquer les ennemis, ce nouveau commandant, pour faire parade de courage et pour braver Lysandre, entra dans le port d'Ephèse avec deux galères, et, après avoir fait grand bruit et de grandes risées, il se retira avec un air de mépris et d'insulte, Lysandre, indigné de cet affront, détacha promptement quelques galères, et se mit à le poursuivre. Mais, comme les Athéniens venaient au secours d'Antiochus, il fit venir aussi de son côté d'autres galères, et peu à peu tous leurs vaisseaux étant arrivés pour les soutenir, enfin ils combattirent avec toutes leurs forces. Lysandre remporta la victoire; et ayant pris quinze galères des Athéniens, il dressa un trophée. Alcibiade, de retour à Samos, alla lui présenter la bataille jusque dans le port; mais Lysandre content de sa victoire, ne jugea pas à propos de l'accepter. Ainsi il se retira sans avoir rien fait.

(Av. J.-C. 406.) En même temps Thrasybule, le plus dangereux ennemi qu'il eût dans son armée, partit du camp, et alla l'accuser à Athènes. Pour enflammer encore davantage les ennemis qu'il avait dans la ville, il dit au peuple, en pleine assemblée, « qu'Alcibiade avait entièrement ruiné les « affaires et perdu la marine des Athé- « niens par la licence qu'il y avait intro- « duite : qu'il s'était absolument livré à « des hommes décriés par leurs débauches « et leur ivrognerie*, qui par là de sim- « ples matelots étaient parvenus à avoir « tout crédit auprès de lui : qu'il leur aban- « donnait toute son autorité pour aller « s'enrichir à son aise dans les provinces, « et pour s'y plonger dans la crapule et « dans toute sorte d'infamies qui déshono- « raient Athènes, pendant qu'il laissait « sa flotte en présence de celle des en- « nemis. »

On tirait un autre chef d'accusation contre lui des forts qu'il avait bâtis près

* Il veut désigner par là Antiochus, homme de néant et fort déréglé, qui avait gagné les bonnes graces d'Alcibiade en lui rapportant une caille qu'il avait laissé échapper.

de la ville de Byzance, pour se préparer un asile et une retraite, comme ne pouvant ou ne voulant plus vivre dans sa patrie. Les Athéniens, peuple léger et inconstant, ajoutèrent foi à toutes ces accusations. La perte de la dernière bataille et le peu de succès qu'il avait eu depuis son départ d'Athènes, au lieu qu'on attendait de lui des actions grandes et merveilleuses, le décrièrent entièrement; et l'on peut dire que ce furent sa propre gloire et sa réputation qui le ruinèrent : car on le soupçonnait de n'avoir pas voulu faire tout ce qu'il n'avait pas fait, et l'on refusait de croire qu'il ne l'eût pas pu, parce que l'on était fortement persuadé que rien de tout ce qu'il voulait ne lui était impossible. Ils faisaient un crime à Alcibiade de ce que la rapidité de ses victoires ne répondait point à celle de leur imagination sans considérer que, manquant d'argent il faisait la guerre à des peuples qui avaient le grand roi pour trésorier, et qu'il était très-souvent obligé de quitter le camp pour aller chercher de quoi fournir à la paie et à la subsistance de ses troupes. Quoi qu'il en soit, Alcibiade fut déposé, et l'on nomma à sa place dix généraux. Quand il en eut appris la nouvelle, il se retira, sur sa galère, vers quelques châteaux qu'il avait dans la Chersonèse de Thrace.

Vers ce temps mourut Plistonax, l'un des rois de Lacédémone : il eut pour successeur Pausanias, qui règna quatorze ans. Ce dernier fit une belle réponse à un homme qui lui demandait pourquoi à Sparte il n'était point permis de rien changer des anciennes coutumes : C'est qu'à Sparte, dit-il, les lois commandent aux hommes, et non les hommes aux lois.

Lysandre qui songeait à établir dans toutes les villes le gouvernement des nobles, pour avoir toujours en sa disposition ces gouverneurs, qu'il aurait choisis, et qu'il aurait affranchis de la dépendance de leurs peuples, fit venir à Ephèse ceux d'entre les principaux des villes qu'il connaissait plus hardis, plus entreprenans, plus ambitieux que les autres. Il les mettait à la tête des affaires, les poussait aux grands honneurs, les élevait aux premiers emplois de l'armée, se rendant par là, dit Plutarqne, le complice de toutes leurs injustices et de toutes leurs fautes, pour les avancer et pour les enrichir : aussi lui furent-ils toujours très attachés, et ils le regrettèrent infiniment, lorsque Callicratidas vint pour lui succéder et pour prendre le commandement de la flotte. Il ne le cédait point à Lysandre pour le courage et la science militaire, mais l'emportait infiniment sur lui du côté des mœurs. Sévère à lui-même comme aux autres, inaccessible à la flatterie et à la mollesse, ennemi déclaré du luxe, il avait conservé la modestie, la tempérance, l'austérité des premiers Spartiates; vertus qui commençaient à se faire remarquer, parce qu'elles n'étaient plus si communes. C'était un homme d'une probité et d'une justice à l'épreuve de tout, d'une simplicité et d'une droiture ennemies de tout mensonge et de toute fraude, et en même temps d'une noblesse et d'une grandeur d'ame véritablement spartaines. Les nobles et les puissans ne pouvaient s'empêcher d'admirer sa vertu; mais ils se seraient mieux accommodés de la facilité et de la condescendance de son prédécesseur, qui fermait les yeux sur toutes les injustices et les violences qu'ils commettaient.

Ce ne fut point sans dépit et sans jalousie que Lysandre le vit arriver à Éphèse pour remplir sa place; et par une lâcheté et une trahison criminelle assez ordinaires à ceux qui, peu touchés du bien public. n'écoutent que leur ambition, il lui rendit tous les mauvais services qu'il put. Des dix mille dariques que Cyrus lui avait donnés pour l'augmentation de la paie des matelots, il renvoya à Sardes ce qu'il lui en restait, disant à Callicratidas qu'il pouvait s'adresser au roi pour lui demander cette somme, et que c'était à lui à chercher des moyens de faire subsister son armée. Cette réponse le jeta dans un extrême embarras et dans une fâcheuse extrémité; car il n'avait point apporté d'argent de Lacédémone; et il ne pouvait se résoudre à forcer les villes à lui en donner, les trouvant déja trop foulées.

Dans ce pressant besoin, un particulier lui ayant offert cinquante talens (c'est-à-dire cinquante mille écus) pour obtenir de lui une grace injuste, il les refusa : « Je les « accepterais, lui dit Cléandre, l'un de ses « officiers, si j'étais à votre place. — Et « moi de même, répliqua le général, si j'é- « tais à la vôtre. »

Il ne lui restait donc d'autre ressource que d'aller à la porte des généraux et des lieutenans du roi leur en demander, comme avait fait Lysandre : or c'est à quoi il était moins propre qu'aucun homme du monde. Nourri et élevé dans l'amour de la liberté, plein de grands et de nobles sentimens, infiniment éloigné de toute flatterie et de toute bassesse, il était convaincu dans le fond du cœur qu'il serait moins triste et moins déshonorant pour les Grecs d'être battu par les Grecs que d'aller faire honteusement la cour et mendier à la porte de ces barbares, qui n'avaient d'autre mérite que leur or et leur argent. En effet, toute la nation était flétrie et déshonorée par une si lâche prostitution.

Cicéron, dans ses Offices, peint deux caractères bien différens de personnes employées dans le gouvernement, et en fait l'application aux deux généraux dont nous parlons ici. Les uns, dit-il, amateurs zélés de la vérité, et ennemis déclarés de toute fraude, se piquent de simplicité et de candeur, et ne croient pas qu'il convienne jamais à un homme de bien de tendre des pièges, ni d'user d'artifice.

D'autres, préparés à tout faire et à tout souffrir, ne rougissent pas des dernières bassesses, pourvu que, par ces moyens indignes, ils puissent espérer de venir à bout de leurs desseins. Cicéron met dans le premier rang Callicratidas, et il range dans le second Lysandre, à qui il donne deux épithètes qui ne lui font pas beaucoup d'honneur, et qui ne conviennent guère à un Spartiate, en l'appelant très rusé et très patient, ou plutôt très complaisant.

Cependant Callicratidas, forcé par la nécessité, alla en Lydie, se rendit d'abord au palais de Cyrus, et pria qu'on dît à ce prince que l'amiral de la flotte des Grecs était venu pour lui parler. On lui dit que Cyrus était à table dans une partie de plaisir *. Il répondit d'un ton et d'un air modestes qu'il n'était point pressé, et qu'il attendrait que le prince fût sorti. Les gardes se mirent à rire, admirant la simplicité de ce bon étranger, qui avait peu

* Le grec dit à la lettre *qu'il buvait*. Les Perses se piquaient de boire beaucoup, et c'était chez eux une gloire, comme on le verra dans la lettre de Cyrus aux Lacédémoniens.

les airs du monde, et il fut obligé de se retirer. Il y vint une seconde fois, et fut refusé de même. Pour lors il s'en retourna à Ephèse, chargeant d'imprécations et de malédictions ceux qui les premiers avaient fait la cour aux barbares, et qui, par leurs flatteries et leurs bassesses, leur avaient appris à tirer de leurs richesses un titre et un droit d'insulter au reste des hommes; et, s'adressant à ceux qui étaient auprès de lui, il jura que, dès qu'il serait de retour à Sparte, il mettrait tout en œuvre pour réconcilier les Grecs entre eux, afin que désormais ils fussent eux-mêmes redoutables aux barbares, et qu'ils n'eussent plus besoin de leurs secours pour s'attaquer et se ruiner les uns les autres. Mais ce généreux Spartiate qui avait des pensées si nobles et si dignes de Lacédémone, et qui, par sa justice, par sa magnanimité et par son amour, s'était rendu comparable à tout ce que les Grecs avaient eu de plus excellent et de plus parfait, n'eut pas le bonheur de retourner dans sa patrie pour travailler à un si grand ouvrage et si digne de lui.

§ V. Callicratidas, après avoir remporté

plusieurs victoires contre les Athéniens, avait en dernier lieu poursuivi Conon, l'un de leurs chefs, dans le port de Mitylène, et l'y tenait bloqué. C'était la vingt-sixième année de la guerre du Péloponèse. Conon, se voyant assiégé par terre et par mer, sans espérance de secours et sans vivres, trouva le moyen de faire savoir à Athènes l'extrême danger où il etait. On fit des efforts extraordinaires pour le dégager, et en moins d'un mois, on équipa une flotte de cent dix galères, où l'en embarqua tous ceux qui étaient en état de porter les armes, tant libres qu'esclaves, avec plusieurs cavaliers. Quand elle fut arrivée à Samos, quarante galères des alliés s'y joignirent, et toutes ensemble firent route vers les îles Arginuses, situées entre Mitylène et Cume. Callicratidas l'ayant appris, laissa Étéonice au siège avec cinquante galères, et se mit en mer avec les six-vingts autres pour faire face à l'ennemi et empêcher le secours. Du côté des Athéniens, l'aile droite était commandée par Ptolomaque et Thrasybule, qui avaient chacun quinze galères : ils étaient soutenus par une seconde ligne avec pareil nombre de vaisseaux conduits par

Lysias et Aristogène. L'aile gauche, pareille à la première, et rangée aussi sur deux lignes, était commandée par Aristocrate et Diomédon, qui étaient soutenus par Érasinide et Périclès*. Le corps de bataille, composé à peu près de trente galères, parmi lesquelles étaient les trois amirales athéniennes, était rangé sur une seule ligne. Ils avaient soutenu chacune de leurs ailes par une seconde ligne pour les fortifier, parce que leurs galères n'étaient ni si vites ni si faciles à manier que celles des ennemis, de sorte qu'il y avait à craindre qu'ils ne coulassent entre deux. Les Lacédémoniens et leurs alliés, qui se sentaient inférieurs en nombre, se contentèrent de se ranger tous sur une même ligne pour égaler le front des ennemis, et pour se conserver une plus grande liberté de glisser entre les galères des Athéniens et de tourner légèrement autour d'elles. Le pilote de Callicratidas, effrayé de cette inégalité, lui conseillait de ne point hasarder le combat et de se retirer; mais il lui répondit qu'il ne pouvait fuir sans honte, et que sa mort importait peu à la république: Sparte, dit-il,

* C'était le fils du grand Périclès.

ne tient pas à un seul homme. Il commandait l'aile droite, et Thrasondas, Thébain, la gauche.

C'était un grand et terrible spectacle que de voir la mer couverte de trois cents galères prêtes à s'entrechoquer. Jamais armées navales des Grecs plus nombreuses que celles-ci n'avaient combattu l'une contre l'autre. L'habileté, l'expérience et le courage des chefs qui commandaient les deux flottes ne laissaient rien à desirer. Ainsi l'on avait tout lieu de croire que le combat qui allait se donner déciderait du sort des deux peuples, et terminerait la guerre, qui durait depuis si long-temps. Dès qu'on eut donné les signaux, les deux armées poussèrent de grands cris, et le choc commença. Callicratidas, qui, sur la réponse des augures, s'attendait à périr dans ce combat, fit des actions extraordinaires de valeur. Il attaqua les ennemis avec un courage et une hardiesse incroyables, coula à fond plusieurs de leurs vaisseaux, en mit beaucoup d'autres hors d'état de combattre en brisant leurs rames, et leur perçant le flanc avec le bec de sa proue. Enfin il attaqua celui de Périclès, et le perça de mille coups ; mais celui-ci l'ayant accroché avec un crampon de fer, il ne lui fût plus possible de se dégager, et il fut dans l'instant environné de plusieurs vaisseaux athéniens. Le sien fut bientôt rempli d'ennemis, et après un horrible carnage, il tomba mort, plutôt accablé par le nombre que vaincu. L'aile droite, qu'il commandait, ayant perdu son amiral, fut mise en déroute. La gauche, composée des Béotiens et de ceux de l'Eubée, fit encore une longue et vigoureuse résistance, par l'intérêt pressant qu'ils avaient de ne pas tomber entre les mains des Athéniens, contre qui ils s'étaient révoltés ; mais enfin elle fut obligée de plier et de se retirer en désordre. Les Athéniens se retirèrent aux Arginuses, et y dressèrent un trophée. Ils perdirent dans le combat vingt-cinq galères, et les ennemis plus de soixante et dix, parmi lesquelles, de dix qu'avaient fournies les Lacédémoniens, il en périt neuf.

Plutarque égale Callicratidas, général lacédémonien, pour sa justice, sa magnanimité et son courage, à tous ceux qui, dans la Grèce, s'étaient rendus les plus dignes d'admiration.

Cependant il le blâme extrêmement d'avoir hasardé mal à propos aux Arginuses le combat naval, et il montre que, pour avoir évité le reproche d'avoir lâchement pris la fuite, il avait, par ce point d'honneur mal entendu, manqué au devoir essentiel de sa charge. En effet, dit Plutarque, si, pour me servir de la comparaison d'Iphicrate, l'infanterie légère ressemble aux mains, la cavalerie aux pieds, le corps de bataille à la poitrine, et si le général tient lieu de la tête, ce général, qui s'abandonne témérairement à l'impétuosité de son courage, n'expose et ne néglige pas tant sa vie qu'il expose et néglige celle de tous ceux dont le salut est attaché au sien. Notre commandant lacédémonien avait donc tort (c'est toujours Plutarque qui parle) de répondre au pilote qui l'exhortait à se retirer : Sparte ne tient pas à un seul homme : car il est bien vrai que Callicratidas, combattant sous les ordres de quelqu'un sur terre ou sur mer, n'était qu'un seul homme ; mais, commandant une armée, il rassemblait en lui tous ceux qui lui obéissaient, et celui en la personne duquel tant de milliers d'hommes pouvaient périr n'était plus un seul homme. Cicéron, avant Plutarque, avait porté le même jugement. Après avoir dit qu'il s'était trouvé bien des personnes prêtes à sacrifier à la patrie leurs biens et même leur vie, mais qui, par une fausse délicatesse de gloire, n'auraient pas voulu pour elle hasarder le moins du monde leur réputation, il cite en exemple Callicratidas, qui répondit à ceux qui l'exhortaient à se retirer des Arginuses : Que Sparte pouvait équiper une nouvelle flotte, si celle-ci périssait; mais que, pour lui, il ne pouvait prendre la fuite sans se couvrir de honte et d'infamie.

Je reviens aux suites du combat livré près des Arginuses. Les généraux des Athéniens ordonnèrent à Théramène, à Thrasybule et à quelques autres officiers de retourner avec environ cinquante galères enlever les débris et les corps morts pour leur donner la sépulture, tandis qu'on voguait avec le reste contre Étéonice, qui tenait Conon assiégé devant Mitylène. Mais une rude tempête qui survint dans le moment empêcha d'exécuter cet ordre. Étéonice, averti de la défaite, et craignant que cette nouvelle ne jetât l'alarme et le découragement parmi ses troupes, renvoya ceux qui l'avaient apportée, avec ordre de revenir couronnés de chapeaux de fleurs, et de crier que toute la flotte d'Athènes avait péri, et que Callicratidas avait remporté la victoire. A leur retour, il fit des sacrifices d'actions de graces ; et, ayant fait prendre de la nourriture à ses troupes, il fit partir promptement les galères, parce que le vent était favorable, tandis qu'il gagna Méthymne avec l'armée de terre, après avoir brûlé son camp. Conon, délivré ainsi du blocus, se joignit à la flotte victorieuse, qui regagna aussitôt Samos.

Cependant, quand on eut appris à Athènes que les morts avaient été laissés sans sépulture, le peuple entra dans une grande colère, et fit tomber tout le poids de son indignation sur ceux qu'il croyait coupables de cette faute. C'en était une grande, dans l'esprit des anciens, que de ne pas procurer aux morts la sépulture ; et nous voyons qu'après toutes les batailles, le premier soin des vaincus, malgré le sentiment actuel de leurs maux et la vive douleur d'une sanglante défaite, était de demander au vainqueur une suspension d'armes pour rendre à ceux qui étaient restés sur le champ de bataille les derniers devoirs, d'où ils étaient persuadés que dépendait leur bonheur pour l'autre vie. Ils avaient peu d'idée de la résurrection des corps. Mais cependant les païens, par l'intérêt que l'ame prenait au corps après le trépas, par le respect religieux qu'on lui portait, par les honneurs solennels qu'on s'empressait de lui rendre, marquaient qu'ils en avaient un sentiment confus, qui subsistait parmi toutes les nations, et qui venait de la plus ancienne tradition, quoiqu'elles ne le démêlassent pas bien clairement.

Voilà ce qui mit en fureur le peuple d'Athènes. Il nomma sur-le-champ de nouveaux généraux, sans conserver de tous les anciens que Conon, à qui l'on donna pour collègues Adimante et Philoclès. Des huit autres, deux s'étaient retirés, et six seulement étaient revenus à Athènes. Théramène, le dixième des généraux, qui avait pris les devans, accusa devant le peuple les autres chefs, les rendant responsables de n'avoir pas enlevé les morts après le combat; et, pour sa décharge, il lut la lettre qu'ils avaient écrite au sénat et au peuple, où ils s'excusaient sur la violence de la tempête, sans charger personne. Il y avait une noirceur détestable dans cette calomnie, d'abuser contre eux du ménagement qu'ils avaient eu de ne le pas nommer dans leur lettre, et de ne pas rejeter sur lui la faute dont il ne pouvait paraître plus coupable que tout autre. On ne reconnaît point ici le caractère de Théramène, qui dans la suite fait paraître beaucoup de probité et de zèle pour le bien public. Les généraux n'ayant pu, à leur retour, obtenir autant de temps qu'il en fallait pour se défendre, se contentèrent de représenter en peu de mots comment la chose s'était passée, et prirent à témoin de ce qu'ils disaient les pilotes et tous ceux qui étaient alors présens. Le peuple parut recevoir favorablement leurs excuses, et plusieurs particuliers s'offrirent pour cautions; mais on trouva à propos de remettre l'assemblée, parce qu'il était nuit, et que, le peuple ayant accoutumé de donner son suffrage en levant la main, on ne pourrait reconnaître quel avis l'emporterait; outre que le conseil devait opiner auparavant sur ce qu'on voulait proposer au peuple.

La fête des Apaturies étant survenue, où l'on a coutume de s'assembler par familles, les parens de Théramène apostèrent plusieurs personnes vêtues de deuil et rasées, qui se dirent alliées de ceux qui étaient morts au combat, et obligèrent Callixène à accuser les généraux dans le sénat. Il fut ordonné que, puisqu'en la dernière assemblée on avait ouï l'accusation et la défense, le peuple, distingué par tribus, porterait son suffrage, et que, si les accusés étaient jugés coupables, ils seraient punis de mort, leurs biens confisqués, et la dixième partie consacrée à la déesse *. Quelques sénateurs s'opposèrent à ce décret, comme injuste et contraire aux lois. Mais comme le peuple, excité par Callixène, menaçait d'envelopper les opposans dans la même cause et dans le même crime que les généraux, ils eurent la lâcheté de se désister de leur opposition, et ils sacrifièrent ces généraux innocens à leur propre sûreté, en consentant au décret.

* C'était Minerve.

Socrate (c'est le célèbre philosophe) seul d'entre les sénateurs demeura ferme, et s'opposa constamment à un décret si visiblement injuste et si contraire à toutes les lois. Le peuple s'assembla. L'orateur, qui était monté sur la tribune pour prendre la défense des généraux, montra « qu'ils n'avaient manqué en rien à leur devoir, puisqu'ils avaient ordonné qu'on enlevât les corps morts : que, si quelqu'un était coupable, c'était celui qui, étant chargé de cet ordre, ne l'avait pas exécuté ; mais qu'il n'accusait personne, et que la tempête survenue dans ce moment-là même était une puissante apologie qui disculpait pleinement les accusés. Il demanda qu'on leur accordât un jour entier pour se défendre, grace qu'on ne refusait point même aux plus criminels, et qu'on les jugeât séparément. Il représenta que rien ne les obligeait de hâter avec tant de précipitation un jugement où il s'agissait de la vie des citoyens les plus illustres; que c'était en quelque sorte s'attaquer aux dieux que de rendre les hommes responsables de la violence des vents et de la tempête : qu'il y avait une ingratitude et une injustice criantes à faire mourir les vainqueurs, que l'on aurait dû couronner, et à livrer les défenseurs de la patrie à la rage de leurs envieux : que, s'ils le faisaient, un jugement si inique serait suivi d'un prompt mais inutile repentir, qui leur laisserait dans le cœur une douleur cuisante, et les couvrirait d'une honte éternelle. » Le peuple d'abord avait paru touché de ces raisons; mais, animé par les accusateurs, il prononça une sentence de mort contre les huit généraux, et six qui étaient présens furent arrêtés pour être conduits au supplice. L'un d'eux, c'était Diomédon, homme d'une grande réputation pour son courage et sa probité, demanda d'être entendu. Quand on eut fait silence : « Athéniens, dit-il, je souhaite que le jugement que vous venez de prononcer contre nous ne tourne point à la perte de la république; mais j'ai une grace à vous demander pour mes collègues et pour moi, c'est de nous acquitter envers les dieux des vœux que nous leur avons faits pour vous et pour nous, et que nous sommes hors d'état d'accomplir; car c'est à leur protection, invoquée avant le combat, que nous reconnaissons être redevables de la victoire que nous avons remportée sur les ennemis. » Il n'y eut point de bon citoyen qui ne fût attendri jusqu'aux larmes par un discours si plein de douceur et de religion, et qui n'admirât avec surprise la modération d'un citoyen qui, se voyant condamné si injustement, ne laissait pourtant échapper aucune parole d'aigreur ni même de plainte contre ses juges, mais était uniquement occupé, en faveur de l'ingrate patrie qui les faisait périr, de ce qu'elle et eux devaient aux dieux pour la victoire qu'on venait de remporter.

A peine les six généraux furent-ils exécutés que le peuple ouvrit les yeux et sentit toute l'horreur de ce jugement; mais son repentir ne pouvait rendre la vie aux morts. Callixène l'accusateur fut mis en prison, et on refusa de l'écouter. Ayant trouvé le moyen de se sauver, il s'enfuit à Décélie vers les ennemis, d'où il revint quelque temps après à Athènes, et il y mourut de faim, haï et détesté généralement de tout le monde, comme le devraient être tous les calomniateurs. Diodore remarque que le peuple lui-même porta la juste peine de son crime, les dieux l'ayant livré peu de temps après, non à un seul maître, mais à trente tyrans, qui le traitèrent avec la dernière cruauté.

On reconnaît au naturel, dans le récit que je viens de faire, ce que c'est qu'un peuple ; et Platon, à l'occasion de ce même évènement, en fait en peu de mots une peinture bien vive et bien ressemblante. Le peuple, dit-il, est un animal inconstant, ingrat, cruel, jaloux, incapable de se laisser conduire par la raison. Et cela n'est pas étonnant, ajoute-t-il, puisque c'est comme la lie d'une ville, et un assemblage informe de tout ce qu'on y trouve de plus mauvais.

Ce même récit nous fait connaître ce que peut la crainte sur l'esprit des hommes, même de ceux qui passent pour les plus sages, et combien il y en a peu qui soient capables de soutenir la vue d'un danger et d'une disgrace présente. Quoique dans le sénat la justice de la cause des généraux accusés fût clairement connue, du moins par le plus grand nombre, dès qu'on parle de colère du peuple et qu'on fait gronder de terribles menaces, ces graves sénateurs, dont la plupart avaient commandé les armées, et qui tous s'étaient souvent exposés aux plus grands périls de la guerre, se rangent dans le moment du côté de la calomnie prouvée et de l'injustice la plus criante qui fut jamais : preuve éclatante qu'il y a un courage très rare, et infiniment supérieur à celui qui porte tous les jours tant de milliers d'hommes à affronter dans les combats les plus terribles dangers !

Entre tous ses juges, un seul, véritablement digne de sa réputation (c'est le grand Socrate), dans cette trahison et cette perfidie générale, demeure ferme et inebranlable; et quoiqu'il sache que son suffrage et sa faible voix ne seront d'aucun secours pour les accusés, c'est un hommage qu'il croit devoir à l'innocence opprimée, et il trouve qu'il est indigne d'un homme de bien de se livrer par crainte et par lâcheté à la fureur d'un peuple aveugle et forcené. Voilà jusqu'où la justice peut être abandonnée ! On juge bien qu'elle ne fut pas mieux défendue devant le peuple. De plus de trois mille citoyens qui composaient l'assemblée, deux seulement en prirent la défense, Euryptolémus et Axiochus :

Platon nous en a conservé les noms; et il a donné celui du dernier au dialogue d'où j'ai tiré une partie de mes réflexions.

(Av. J.-C. 406.) La même année que se donna le combat des Arginuses, Denys s'empara de la tyrannie en Sicile. Je diffère à en parler dans le volume suivant, où je rapporterai de suite l'histoire des tyrans de Syracuse.

XXVIIe et dernière année de la guerre du Péloponèse.

§ VI. (Av. J.-C. 405.) Après la défaite des Arginuses, les affaires des Péloponésiens étant allées en décadence, les alliés, appuyés en cela du crédit de Cyrus, envoyèrent une ambassade à Sparte pour demander qu'on donnât encore le commandement de la flotte à Lysandre, avec promesse de servir avec plus d'affection et de courage, s'il les commandait. Comme il y avait à Sparte une loi qui défendait que le même homme fût deux fois amiral, les Lacédémoniens, qui voulaient faire plaisir aux alliés, donnèrent le titre d'amiral à un certain Aracus, et envoyèrent avec lui Lysandre, à qui ils ne donnèrent en apparence que le titre de vice-amiral, mais qu'ils revêtirent en effet de toute l'autorité de l'amiral même.

Tous ceux qui dans les villes avaient le plus de part au gouverenement et y étaient le plus en crédit le virent arriver avec une extrême joie, se promettant tout de son autorité pour achever de détruire partout la démocratie. Son caractère complaisant pour ses amis et indulgent pour toutes leurs fautes, accommodait bien mieux leurs vues ambitieuses et injustes que l'austère équité de Callicratidas ; car Lysandre était un homme profondément corrompu, et qui faisait gloire de n'avoir nul principe sur la vertu et sur les devoirs les plus sacrés. Il ne faisait aucun scrupule d'employer en tout la ruse et la fourberie. Il n'estimait la justice qu'autant qu'elle pouvait lui servir; et quand elle ne favorisait point ses intérêts, il lui préférait sans hésiter l'utile, qui chez lui était le seul beau et le seul honnête, persuadé que la vérité n'avait par sa nature nul avantage sur le mensonge, et qu'il fallait mesurer le prix de l'une et de l'autre au profit qui en revenait. Et pour ceux qui lui représentaient que c'était une chose indigne des descendans d'Hercule d'employer le dol et la fraude, il s'en moquait ouvertement : Car, disait-il, partout où la peau du lion ne peut atteindre, il faut y coudre la peau du renard.

On rapporte de lui un mot qui marque bien le peu de compte qu'il faisait de se parjurer. Il avait coutume de dire qu'on amusait les enfans avec des osselets, et les hommes avec les sermens*, montrant par une irréligion si déclarée qu'il faisait encore moins de cas des dieux que de ses ennemis : car celui qui trompe par un faux serment déclare ouvertement par là qu'il craint son ennemi, mais qu'il méprise Dieu.

Ici finit la vingt-sixième année de la guerre du Péloponèse. C'est dans cette année que le jeune Cyrus, ébloui de l'éclat du commandement, auquel il était peu accoutumé, et jaloux des moindres marques d'honneur qui pouvait relever son rang et

* Le texte grec peut recevoir un autre sens, qui n'est peut-être pas moins bon : « que les enfans pouvaient tromper, user de supercherie (c'est ce qu'ils appellent *tricher*) au jeu des osselets, et les hommes dans les sermens. »

son autorité, découvrit par une action éclatante le secret de son cœur. Elevé dès l'enfance dans la maison régnante, nourri à l'ombre du trône parmi les soumissions et les prosternemens des gens de cour, entretenu de longue main par les discours d'une mère ambitieuse qui l'idolâtrait, dans le desir et l'espérance de la royauté, il commençait déja à en exercer les droits et à en exiger les respects avec une hauteur et une rigidité qui étonnent. Deux Perses de la famille royale, ses cousins-germains, et dont la mère était sœur de Darius son père, avaient manqué de se couvrir les mains de leurs manches en sa présence, selon le cérémonial qui ne s'observait qu'à l'égard des rois de Perse : Cyrus, choqué de cette omission comme d'un crime capital, les condamna à mort, et les fit impitoyablement exécuter à Sardes. Darius, aux pieds de qui les parens vinrent se jeter pour lui demander justice, fut fort touché de la mort tragique de ses deux neveux, et regarda cette action de son fils comme un attentat contre lui-même, à qui seul cet honneur était dû. Il prit la résolution de lui ôter son gouvernement, et il le manda à la cour sous prétexte qu'étant malade il avait envie de le voir.

Avant que de partir pour s'y rendre, Cyrus fit venir Lysandre à Sardes, et lui remit en main de grosses sommes d'argent pour payer sa flotte, lui en promettant encore davantage pour l'avenir. Et par une ostentation de jeune homme, pour lui faire voir combien il avait envie de lui faire plaisir, il l'assura que, quand le roi son père ne lui fournirait rien, il lui donnerait plutôt du sien propre; et que si tout venait à lui manquer, il ferait fondre son trône d'or et d'argent massif, sur lequel il s'assayait pour rendre la justice. Enfin sur le point de partir il lui donna le pouvoir de recevoir les tributs et les revenus des villes, lui confia le gouvernement de ces provinces; et, l'embrassant, il le conjura de ne point donner de bataille en son absence, s'il n'était supérieur en force, parce que le roi ni lui ne manquaient pas de pouvoir ni de volonté pour le rendre plus puissant que ses ennemis; et il lui promit, avec les assurances les plus fortes de son affection, de lui amener grand nombre de vaisseaux de la Phénicie et de la Cilicie.

Après le départ de ce prince, Lysandre tourna du côté de l'Hellespont, et mit le siège par mer devant Lampsaque. Thorax, s'y étant rendu en même temps avec ses troupes de terre, donna l'assaut de son côté. La ville fut emportée de force, et Lysandre l'abandonna au pillage. Les Athéniens, qui le suivaient de près, mouillèrent au port d'Eléonte dans la Chersonèse avec cent quatre-vingts galères. Mais sur la nouvelle de la prise de Lampsaque, ils allèrent promptement à Sestos; et, après s'y être fournis de vivres, ils firent voile en remontant le long de la côte, jusqu'à un lieu appelé Ægos-Potamos*, où ils s'arrêtèrent vis-à-vis des ennemis, qui étaient encore à l'ancre devant Lampsaque. L'Hellespont n'a pas dans cet endroit deux mille pas de largeur. Les deux armées se voyant si proche, toutes les troupes ne pensèrent qu'à se reposer ce jour-là, dans l'espérance que dès le lendemain on en viendrait à une bataille.

Mais Lysandre roulait un autre dessein dans son esprit. Il commanda à ses matelots et à ses pilotes de monter sur leurs

* La riviere de la Chèvre.

galères, comme si effectivement on eût dû combattre le lendemain à la pointe du jour, de se tenir là, et d'y attendre ses ordres dans un profond silence. Il commanda de même à son armée de terre de se tenir tranquillement en bataille sur la côte en attendant le jour. Le lendemain, dès que le soleil fut levé, les Athéniens commencèrent à voguer contre eux avec toute leur flotte sur une ligne et à les défier. Lysandre, quoique ses galères fussent bien rangées en bataille, les proues tournées contre l'ennemi, se tint en repos et ne fit aucun mouvement. Sur le soir, les Athéniens s'en étant retournés, il ne permit à ses soldats de descendre à terre qu'après que deux ou trois galères qu'il avait envoyées à la découverte furent de retour, et qu'elles eurent rapporté qu'elles avaient vu débarquer les ennemis. Le lendemain on fit la même manœuvre, le troisième jour encore, et jusqu'au quatrième. Cette conduite, qui montrait de la réserve et de la timidité, augmenta extrêmement la confiance et l'audace des Athéniens, et leur inspira un grand mépris pour une armée que la crainte, selon eux, empêchait de paraître et de rien tenter.

Sur ces entrefaites, Alcibiade, qui était près de là, montant à cheval, vint trouver les généraux athéniens, et leur représenta qu'ils se tenaient sur une côte fort désavantageuse, où ils n'avaient ni ports ni villes voisines; qu'ils étaient obligés de faire venir avec beaucoup de peine et de danger leurs provisions de Sestos; et qu'ils avaient grand tort de souffrir que les gens de l'équipage, dès qu'ils étaient à terre, s'éloignassent et s'écartassent chacun de son coté, pendant qu'ils voyaient vis-à-vis d'eux une flotte ennemie, accoutumée à exécuter avec une prompte obéissance et au plus léger signal les ordres du général. Il offrait même de venir attaquer par terre les ennemis avec de nombreuses troupes de Thrace et de les forcer de combattre. Les généraux, surtout Tydée et Ménandre, jaloux du commandement, ne se contentèrent pas de refuser ses offres, dans la pensée que, si le succès des armes était malheureux, tout le blâme en retomberait sur eux, et que, s'il était favorable, Alcibiade en aurait tout l'honneur; mais ils rejetèrent encore avec insulte ces conseils si sages et si salutaires, comme si un homme disgracié perdait le sens et l'esprit en perdant la faveur de sa république. Alcibiade se retira.

Le cinquième jour, les Athéniens se présentèrent encore pour donner la bataille, et se retirent le soir comme de coutume, avec des airs encore plus insultans que les premiers jours. Lysandre détacha à l'ordinaire quelques galères pour les observer, avec ordre de retourner en toute diligence dès qu'ils auraient vu les Athéniens descendus à terre, et d'élever sur chaque proue un bouclier d'airain quand ils seraient arrivés au milieu du canal ; lui cependant sur sa galère parcourait toute la ligne, en exhortant les pilotes et les officiers à tenir les matelots et les soldats prêts à voguer et à combattre au premier signal.

Dès que le bouclier fut élevé sur la proue et que de la galère amirale le son de la trompette eut sonné le signal, toute la flotte en belle ordonnance partit. En même temps l'armée de terre se hâta de monter sur le promontoire pour voir le combat. En cet endroit le canal qui sépare les deux continens n'a de largeur qu'environ quinze stades, c'est-à-dire trois quarts de lieue. Cet espace fut bientôt franchi par les efforts et par la diligence des rameurs. Conon, général des Athéniens, fut le premier qui aperçut de terre cette flotte qui venait l'assaillir. en grand appareil. Il se mit donc d'abord à crier qu'on s'embarquât. Saisi de douleur et de trouble, il appelle ceux-ci par leur nom, il conjure ceux-là, et il force les autres de monter sur leurs galères; mais tous ces efforts et tout cet empressement furent inutiles, les soldats étant dispersés çà et là; car ils n'étaient pas plus tôt descendus sur le rivage, que les uns avaient couru aux vivandiers, les autres étaient allés se promener dans la campagne; ceux-ci s'étaient mis à dormir dans leurs tentes, et ceux-là avaient commencé à préparer leur souper. C'était l'effet du peu d'attention et du peu d'expérience de leurs capitaines, qui, ne soupçonnant par le moindre danger se tenaient en repos et y laissaient leurs soldats.

Déja les ennemis se portaient sur eux avec de grands cris et un grand bruit de rames, lorsque Conon, se dérobant avec neuf galères, du nombre desquelles était la galère sacrée, nommée la Paralienne, prit la route de Cypre, et se retira auprès d'Évagoras. Les Péloponésiens, tombant sur les autres galères, enlèvent d'abord celles qui sont vides, choquent et brisent celles qui commencent à se remplir. Les soldats, qui accourent au secours sans ordre et sans armes, sont tués au pied des galères où ils veulent monter, ou, prenant la fuite dans les terres, ils sont taillés en pièces par les ennemis descendus pour les poursuivre. Lysandre fit trois mille prisonniers, prit tous les généraux, et se rendit maître de toute la flotte. Après avoir pillé le camp et attaché à la poupe de ses galères celles des ennemis, il s'en retourna à Lampsaque au son des flûtes et parmi les chants de triomphe. Il eut la gloire d'avoir exécuté avec très peu de perte un des plus grands exploits guerriers, dont il soit parlé dans l'histoire, et d'avoir terminé dans l'espace d'une heure une guerre qui avait déja duré vingt-sept ans, et qui peut-être sans lui en aurait duré davantage. Lysandre envoya aussitôt porter cette agréable nouvelle à Lacédémone.

Les trois mille prisonniers qu'on avait faits à cette bataille ayant été condamnés à mort par le conseil, Lysandre appela

Philoclès, l'un des généraux Athéniens. C'était lui qui avait fait précipiter du haut d'un rocher tous les prisonniers de deux galères prises sur les ennemis, l'une d'Andros, l'autre de Corinthe; et qui avait autrefois persuadé au peuple d'Athènes d'ordonner qu'on couperait le pouce de la main droite à tous les prisonniers de guerre, afin qu'ils fussent hors d'état de manier la pique, et qu'ils ne pussent servir qu'à la rame. Lysandre le fit donc venir, et lui demanda à quoi il se condamnait lui-même pour avoir porté ses citoyens à donner le cruel décret dont on vient de parler. Philoclès, sans rien rabattre de sa fierté, malgré l'extrémité du danger où il se trouvait, lui répondit : « N'accuse point des gens qui n'ont point de juges, et puisque tu es vainqueur, use de tes droits, et fais contre nous ce que nous eussions fait contre toi si nous t'avions vaincu. » En même temps il alla se mettre au bain, prit ensuite un manteau magnifique, et marcha le premier au supplice. Tous les prisonniers furent égorgés, à la réserve d'Adimante, qui s'était opposé à ce décret.

14.

Après cette expédition, Lysandre alla avec sa flotte par toutes les villes maritimes, et il ordonnait à tous les Athéniens qui s'y trouvaient de se retirer au plus tôt dans Athènes, sans leur permettre de prendre une autre route, et en leur déclarant qu'après un certain temps marqué il punirait de mort tous ceux qu'il rencontrerait hors de la ville, ce qu'il faisait, en habile politique, pour affamer la ville plus promptement, et la mettre hors d'état de soutenir un long siège. Il s'appliqua ensuite à ruiner dans toutes les villes la démocratie et toutes les autres sortes de gouvernement, et il laissa dans chacune un gouverneur lacédémonien, appelé *harmoste*, et dix archontes ou magistrats, qu'il tirait des sociétés qu'il y avait établies. Il assurait par là en quelque sorte le gouvernement général et comme la principauté de toute la Grèce, ne mettant en place que des personnes qui lui étaient entièrement attachées.

§ VII. (Av. J.-C. 404.) Quand on apprit à Athènes, par un vaisseau qui arriva de nuit dans la Pirée, la défaite entière de l'armée, la consternation fut générale. On n'entendit qu'un cri de douleur et de désespoir dans toute la ville. Ils croyaient déja voir l'ennemi aux portes. Ils se représentaient les maux d'un long siège et d'une cruelle famine, la ruine et l'incendie de la ville, les insultes d'un fier vainqueur, et la honteuse servitude où ils allaient être livrés, plus triste pour eux et plus insupportable que les plus durs supplices, et que la mort même. Le lendemain on convoqua l'assemblée, et il fut résolu qu'on boucherait tous les ports, excepté un seul, qu'on réparerait les brèches, et qu'on ferait la garde pour se préparer à un siège.

En effet, Agis et Pausanias, les deux rois de Lacédémone, s'approchèrent d'Athènes avec toutes leurs troupes. Lysandre, bientôt après, aborda au port du Pirée, avec cent cinquante voiles, et empêcha qu'aucun navire n'y entrât et n'en sortît. Les Athéniens, assiégés par terre et par mer, sans vivres, sans vaisseaux, sans espérance de secours et sans aucune ressource, rétablirent tous ceux qui avaient été flétris par quelque décret, sans parler néanmoins de capituler, quoique plusieurs mourussent déja de faim. Mais, quand on n'eut plus de blé, on députa vers Agis pour traiter avec Lacédémone, en conservant seulement la ville et le port, et abandonnant le reste. Il renvoya à Sparte les députés, comme n'ayant pas le pouvoir de traiter. Lorsqu'ils furent arrivés à Sellasie sur la frontière de Lacédémone, et qu'ils eurent exposé leur commission aux éphores, ils eurent ordre de se retirer et de revenir avec d'autres propositions, s'ils voulaient avoir la paix. Les éphores avaient demandé qu'on abattît douze cents pas de murailles de part et d'autre du Pirée; mais un Athénien qui osa le conseiller fut mis en prison, et défense fut faite de proposer désormais rien de semblable.

Les choses étant dans ce triste état, Théramène dit tout haut dans l'assemblée que, si l'on voulait l'envoyer vers Lysandre, il saurait si la proposition que faisaient les Lacédémoniens de démanteler la ville était pour la ruiner plus aisément, ou pour l'empêcher de se révolter. Les Athéniens l'ayant député, il fut plus de trois mois sans revenir, apparemment pour les obliger, par l'extrémité de la famine, à accepter les conditions qu'on leur proposerait, quelles qu'elles fussent. Il dit, à son retour, que Lysandre l'avait arrêté tout ce temps-là, et qu'à la fin on lui avait dit qu'il s'adressât aux éphores. Il fut donc renvoyé, lui dixième, à Lacédémone, avec plein pouvoir de traiter. Quand ils y furent arrivés, les éphores leur donnèrent audience dans l'assemblée générale, où les Corinthiens et plusieurs autres alliés, particulièrement ceux de Thèbes, soutinrent qu'il fallait détruire absolument la ville, sans plus parler de traité : mais les Lacédémoniens, préférant la gloire et la sûreté de la Grèce à leur propre grandeur, répondirent qu'il ne leur serait jamais reproché d'avoir détruit une ville qui avait rendu à toute la Grèce de si grands services, dont le souvenir devait faire sur l'esprit des alliés une plus forte impression que le ressentiment des injures particulières qu'ils en avaient reçues. La paix fut donc faite à ces conditions : « qu'on démolirait les fortifications du Pirée, avec la longue muraille qui joignait le port à la ville; que les Athéniens livreraient toutes leurs galères, à la réserve de douze; qu'ils abandonneraient toutes les villes dont ils s'étaient emparés, et se contenteraient de leurs terres et de leur pays; qu'ils rappelleraient leurs bannis, et qu'ils feraient ligue offensive et défensive avec les Lacédémoniens, et les suivraient partout où ils les voudraient amener. »

Les députés, étant de retour, furent environnés d'une foule innombrable de peuple qui appréhendait qu'on n'eût rien conclu; car on ne pouvait plus tenir à cause de la multitude de ceux qui mouraient tous les jours de faim. Le lendemain ils rendirent compte de leur négociation, le traité fut ratifié, malgré l'opposition de quelques particuliers; etLysandre suivi des bannis, entra dans le port. C'était le jour même où les Athéniens avaient gagné autrefois la bataille de Salamine. Il fit démolir les murailles au son des flûtes et des trompettes, avec toutes les marques extérieures d'une joie et d'une allégresse extraordinaires, comme si toute la Grèce eût recouvré ce jour là sa liberté.

Ainsi fut terminée la guerre du Péloponèse, après avoir duré vingt-sept ans.

Lysandre, sans donner aux Athéniens

le temps de se reconnaître, changea toute la forme de leur gouvernement, établit dans la ville trente archontes, ou plutôt trente tyrans, mit une bonne garnison dans la citadelle, et y laissa pour harmoste ou gouverneur le Spartiate Callibus. Agis licencia son armée. Lysandre, avant que de congédier la sienne, s'avançe vers Samos, qu'il pressa si vivement, qu'il l'obligea enfin de capituler. Après y avoir rétabli les anciens habitans, il songea à retourner à Sparte avec les galères des Lacédémoniens, celles du Pirée, et les éperons des autres qu'il avait prises.

Il avait envoyé devant lui Gylippe, qui avait commandé l'armée en Sicile, pour porter à Lacédémone l'argent et les dépouilles qui étaient le fruit de ses glorieuses campagnes. L'argent, sans compter les couronnes d'or sans nombre que les villes lui avaient données, montait à quinze cents talens, c'est-à-dire à quinze cent mille écus. Gylippe, porteur d'une somme si considérable, ne put résister à la tentation de s'en approprier quelque partie. Les sacs étaient scellés d'un cachet, et semblaient ne laisser aucun lieu au vol. Il les décousit par le fond ; et, après avoir tiré de chacun l'argent qu'il voulut, qui montait à trois cents talens, il les recousit fort proprement, et se crut en sûreté : mais, quand il fut arrivé à Sparte, les bordereaux qu'on avait mis dans chaque sac le décélèrent. Pour éviter le supplice, il se bannit lui-même de Sparte, emportant partout la honte d'avoir terni par une si basse et si sordide avarice la gloire de de toutes ses belles actions.

Sur ce fâcheux exemple, les plus sages et les plus sensés des Spartiates, craignant cette force impérieuse de l'argent, qui subjuguait, non-seulement les hommes du commun, mais aussi les plus grands personnages, blâmèrent extrêmement Lysandre de vouloir ainsi donner atteinte aux lois fondamentales de Sparte, et représentèrent vivement aux éphores qu'il était de leur devoir de chasser de Sparte tout cet or et tout cet argent, et de le charger de malédictions et d'anathèmes, comme une peste fatale qui ravageait tous les autres états, et qu'on voulait introduire dans Sparte pour corrompre la saine constitution du gouvernement qui, depuis tant de siècles, l'avait heureusement maintenu dans un état de force et de vigueur. Les éphores, sur-le-champ, firent un décret pour proscrire cet or et cet argent, et ordonnèrent que l'on continuerait à ne se servir que de la monnaie reçue, c'est-à-dire de la monnaie de fer, mais les amis de Lysandre s'étant opposés à ce décret, et ayant mis tout en œuvre pour faire retenir cet or et cet argent à Sparte, l'affaire fut mise de nouveau en délibération. Il semble que naturellement il n'y avait que deux partis à proposer, qui étaient de donner un libre cours aux espèces d'or et d'argent, ou de de les décrier absolument et de les proscrire. Les prudens, les politiques en trouvèrent un troisième, qui, selon eux, conciliait les deux autres par un heureux tempérament, en prenant un sage milieu entre les deux excès vicieux de trop de sévérité ou de trop de relâchement. Il fut donc ordonné que la nouvelle monnaie d'or et d'argent ne serait employée que par le trésor public, qu'elle n'aurait cours que pour les seules affaires de l'état, et que tout particulier qui s'en trouverait saisi serait mis à mort sur l'heure.

Étrange expédient s'écria Plutarque ; comme si Lycurgue avait craint les espèces d'or et d'argent, et non pas l'avarice que ces espèces font naître : avarice que l'on éteignait bien moins en défendant aux particuliers d'en avoir, qu'on ne l'enflammait en permettant à la ville entière d'en amasser et de s'en servir ; car il était impossible qu'en voyant cette monnaie en honneur et en estime dans le public, on la méprisât en particulier comme inutile, et que chacun regardât comme de nulle valeur pour ses affaires domestiques ce que la ville estimait et recherchait si fort pour les siennes, les mauvais usages autorisés par les mœurs publiques étant mille fois plus dangereux pour les particuliers que les vices des particuliers ne le sont pour le public. Ainsi, dit encore Plutarque, les Lacédémoniens, en infligeant peine de mort contre ceux qui feraient usage en particulier de la nouvelle monnaie, furent assez imprudens et assez aveugles pour croire qu'il suffisait de placer comme en sentinelle à la porte des maisons la loi et la crainte du supplice, pour empêcher l'or et l'argent d'y entrer, pendant qu'ils laissaient le cœur de leurs citoyens ouvert à l'admiration et au desir des richesses, et qu'ils y introduisaient eux-mêmes une violente passion d'en amasser, en faisant regarder comme une chose grande et honorable de devenir riche.

(Av. J.-C. 404.) Ce fut vers la fin de la guerre du Péloponèse que mourut, après un règne de dix-neuf ans, Darius Nothus, roi de Perse. Cyrus était arrivé à la cour avant sa mort, et Parysatis sa mère, dont il était l'idole, non contente d'avoir fait sa paix malgré toutes les fautes qu'il avait commises dans son gouvernement, pressait encore le vieux roi de le déclarer son successeur, à l'exemple de Darius, premier de ce nom, qui avait donné la préférence à Xerxès sur tous ses frères, parce qu'il était né, comme celui-ci depuis l'avènement de son père à la couronne. Mais Darius ne poussa pas jusque-là sa complaisance pour elle. Il donna la couronne à Arsace, son aîné, et fils aussi de Parysatis; il est appelé Arsicas dans Plutarque : Il ne laissa à Cyrus que le gouvernement des provinces qu'il avait déja.

LIVRE NEUVIÈME.

SUITE DE L'HISTOIRE DES PERSES ET DES GRECS, PENDANT LES QUINZE PREMIÈRES ANNÉES DU RÈGNE D'ARTAXERXE-MNÉMON.

CHAPITRE Ier.

Ce chapitre renferme les troubles domestiques de la cour de Perse, la mort d'Alcibiade, le rétablissement de la liberté à Athènes, les secrets desseins de Lysandre pour se faire roi.

§ I. Arsace, en montant sur le trône, prit le nom d'Artaxerxe : c'est celui a qui les Grecs, à cause de sa mémoire prodigieuse, ont donné le surnom de MNEMON *. Étant auprès du lit de son père malade, il lui demanda, un moment avant qu'il expirât, quelle avait été la règle de sa con-

* Ce mot signifie en grec un *homme qui a une bonne mémoire*.

duite pendant un règne aussi long et aussi heureux que le sien, afin de pouvoir l'imiter : « ça été, lui répondit-il, de faire toujours ce que la justice et la religion demandaient de moi : » paroles mémorables, et qui méritent d'être gravées en lettres d'or dans le palais des rois, pour les faire souvenir continuellement de ce qui doit régler toutes leurs actions. Il est assez ordinaire aux princes de donner en mourant d'excellentes instructions à leurs enfans : elles seraient plus efficaces si l'exemple et la pratique les avaient précédées; sans cela, elles sont aussi faibles que le malade qui les donne, et ne lui survivent de guère.

Peu de jours après la mort de Darius, le nouveau roi partit de sa capitale, et alla à la ville de Pasargardes, pour s'y faire sacrer, selon la coutume, par les prêtres de Perse. Il y avait dans cette ville un temple de la déesse qui préside à la guerre; où se faisait le sacre des rois. Il était accompagné de cérémonies très singulières, qui sans doute ont un sens caché; mais Plutarque ne l'explique point. Le prince qui devait être sacré dépouillait sa robe dans ce temple, et y prenait celle que l'ancien Cyrus avait portée avant que de devenir roi, laquelle y était gardée avec beaucoup de vénération. Ensuite, après avoir mangé une figue sèche, il mâchait des feuilles de térébinthe, et avalait un breuvage composé de vinaigre et de lait. Cela signifierait-il que les douceurs qu'on goûte dans la royauté sont mêlées de beaucoup d'amertumes, et que, si le trône est environné de plaisirs et d'honeurs, il ne l'est pas moins de peines et d'inquiétudes? Il paraît assez clair qu'en revêtant le nouveau roi de la robe de Cyrus, on voulait lui faire entendre qu'il devait aussi être revêtu de ses grandes qualités et de ses rares vertus.

Le jeune Cyrus, dévoré d'ambition, était au désespoir d'être frustré pour toujours de l'espérance du trône que sa mère lui avait donnée, et de voir passer dans les mains de son frère un sceptre qu'il croyait lui être dû. Les crimes les plus noirs ne coûtent rien à un ambitieux. Celui-ci résolut d'égorger son frère dans le temple même, en présence de toute la cour, dans le moment qu'il quittait sa robe pour prendre celle de Cyrus. Artaxerxe en eut avis par le prêtre même qui avait élevé son frère, et à qui ce jeune prince avait fait confidence de son dessein. Cyrus fut arrêté et condamné à mort. Sa mère Parysatis, étant acourue toute hors d'elle-même, le prit entre ses bras, le lia avec les tresses de ses cheveux, attacha son cou au sien, et fit tant par ses cris et par ses larmes et par ses prières, qu'elle obtint sa grace, et qu'elle le fit renvoyer dans les provinces maritimes dont il avait le gouvernement. Il y porta une ambition non moins ardente qu'auparavant, animée de plus par le dépit de l'affront qu'il avait reçu et par un vif desir de vengeance, et armé d'un pouvoir presque sans bornes, Artaxerxe, dans cette occasion, manqua entre les règles les plus communes de la politique, qui ne permettent pas de nourrir et d'enflammer par des honneurs extraordinaires la fierté d'un jeune prince hardi et entreprenant comme était Cyrus, qui avait porté la haine personnelle contre son frère jusqu'à vouloir l'assassiner de sa main, et l'ambition de régner jusqu'à mettre en œuvre les moyens les plus criminels pour parvenir à son but.

Artaxerxe avait épousé Statira. A peine son mari fut-il monté sur le trône, qu'elle employa l'empire que sa beauté lui donnait sur lui pour tirer vengeance de la mort de son frère Tériteuchme. C'est une des scènes les plus tragiques que fournisse l'histoire, et une complication monstrueuse d'adultères, d'incestes et de meurtres, qui, après avoir causé de grands désordres dans la famille royale, eurent enfin l'issue la plus tragique pour tous ceux qui y avaient eu part. Mais il faut reprendre les choses de plus haut pour mettre le lecteur au fait.

Hidarne, père de Statira, Perse de fort grande qualité, était gouverneur d'une des principales provinces de l'empire. Statira était d'une rare beauté, et c'est ce qui engagea Artaxerxe à l'épouser : il portait alors le nom d'Arsace. Tériteuchme, frère de Statira, épousa en même temps Hamestris, sœur d'Arsace, une des filles de Darius et de Parysatis ; et, en faveur de ce mariage, Tériteuchme, quand son père fut mort, eut son gouvernement. Il y avait encore dans cette famille une autre sœur, nommée Roxane, qui n'était pas moins belle que Statira, et qui, avec cela, excellait dans l'art de tirer de l'arc et de lancer le dard. Téritheuchme, son frère, conçut pour elle une passion criminelle; et, pour la satisfaire, il résolut de se mettre en liberté, et de tuer Hamestris qu'il avait épousée. Darius, ayant été informé de ce complot, engagea, à force de présens et de promesses, Udiaste, ami intime de Tériteuchme et son confident, à prévenir ce funeste dessein en l'assassinant. Il obéit, et eut pour récompense le gouvernement de celui qu'il avait assassiné de ses propres mains.

Parmi les gardes de Tériteuchme, il y avait un fils d'Udiaste, nommé Mithridate, fort attaché à son maître. Ce jeune cavalier ayant appris que son père avait lui-même commis le meurtre, fit contre lui toutes sortes d'imprécations, et, plein d'horreur pour cette lâche et noire action, il s'empara de la ville de Zaris, et, se révoltant ouvertement, il voulut rétablir le fils de Tériteuchme. Mais ce jeune homme ne put pas tenir long-temps contre Darius. On le renferma dans sa place avec le fils de Tériteuchme qu'il avait auprès de lui, et tout le reste de la famille d'Hidarne fut mis en prison, et livré à Parysatis pour en faire ce qu'il plairait à cette mère irritée au dernier point du traitement qu'on avait ou fait ou voulu faire à Hemestris se fille. Cette cruelle princesse commença par faire scier en deux Roxane, la cause de tout le mal, et ordonna de faire mourir tout le reste excepté Statira, qu'elle accorda aux larmes et aux sollicitations les plus tendres et les plus fortes d'Arsace, à qui l'amour qu'il avait pour sa femme fit tout employer pour la sauver, quoique Darius, son père, crût qu'il convenait, pour son bien même, de l'envelopper dans le sort du reste de sa famille. Voilà l'état où étaient les choses quand Darius vint à mourir.

Statira, dès que son mari fut sur le trône, se fit livrer Udiaste. Elle lui fit arracher la langue, et le fit mourir dans les tourmens les plus cruels qu'elle put inventer, pour punir la noire action qui avait causé la ruine de sa famille; et elle donna son gouvernement à Mithridate pour récompense de l'attachement qu'il avait eu aux intérêts de sa maison. Parysatis, de son côté, se vengea sur le fils de Tériteuchme. Elle le fit empoisonner; et l'on verra bientôt venir le tour de Statira.

Voilà des exemples bien terribles de la vengeance des femmes, et en général des excès où se portent ceux qui se sentent au-dessus des lois, et qui n'ont d'autre règle de leurs actions que leur volonté et de leurs passions.

(Av. J.-C. 403.) Cyrus, ayant résolu de détrôner son frère, se servit dé Cléarque, général Lacédémonien, pour faire lever un corps d'armée de troupes grecques, sous prétexte d'une guerre que ce Lacédémonien prétendait aller faire en Thrace. Je diffère à parler de cette fameuse expédition, aussi bien que de la mort de Socrate, qui arriva dans le même temps, ayant dessein de traiter ces deux grands évènemens avec toute l'étendue qu'ils méritent. Ce fut sans doute dans la même vue que Cyrus fit présent à Lysandre d'une galère de deux coudées de long, qui était d'ivoire et d'or, pour le féliciter de la victoire navale qu'il avait remportée. Cette galère fut consacrée dans le temple de Delphes. Lysandre, bientôt après, alla le trouver à Sardes, chargé pour lui de présens magnifiques de la part des alliés.

C'est dans cette occasion que Cyrus eût avec Lysandre le célèbre entretien dont Xénophon nous a laissé le récit, et que Cicéron, après lui, a tant fait valoir. Ce jeune prince, qui se piquait encore plus d'honnêteté et de politesse que de noblesse et de grandeur, se fit un plaisir de conduire lui-même un hôte si illustre dans ses jardins, et de lui en faire remarquer les différentes beautés. Lysandre, frappé du premier coup d'œil, admirait la belle distribution de toutes les parties du jardin, la hauteur des arbres, la propreté et la disposition des allées, la richesse des vergers plantés en quinconce, où l'on avait su joindre l'agréable à l'utile, l'agrément des parterres, l'éclatante variété des fleurs, dont l'odeur les suivait partout. Tout me charme, et m'enlève ici, dit Lysandre en s'adressant à Cyrus : mais ce qui m'occupe le plus, c'est le goût exquis et l'ingénieuse industrie de celui qui vous a tracé le plan de toutes ces parties, et qui leur a donné ce bel ordre, ce merveilleux arrangement et cette heureuse symétrie que je ne me lasse point d'admirer. Cyrus, ravi de ce discours : C'est moi-même, dit-il, qui ai tracé ce plan, et qui en ai pris tous les alignemens ; et il y a plusieurs de ces arbres que vous voyez que j'ai plantés de ma main. Quoi ! reprit Lysandre en le considérant depuis le tête jusqu'aux pieds, est-il possible qu'avec cette pourpre, ces précieux habillemens, ces colliers et ces bracelets d'or, des brodequins relevés d'une si riche broderie, ces essences et ces parfums exquis, devenu jardinier, vous ayez employé vos mains royales à planter des arbres ! Cela vous étonne ? répliqua Cyrus. Je jure par le dieu Mithras *, que, quand la santé me le permet, je ne me mets jamais à table sans avoir pris de la fatigue jusqu'à suer, soit dans les exercices militaires, soit dans les travaux rustiques, soit dans quelque autre occupation pénible, à laquelle je me livre avec plaisir et sans ménagement. Lysandre, hors de lui-même à un tel discours, et lui serrant la main : Vous êtes, dit-il, Cyrus, bien

* Les Perses adoraient le soleil sous ce nom, et c'était leur premier soin.

digne de votre haute fortune : car en vous elle se trouve accompagné de la vertu.

Alcibiade démêla sans peine le secret des levées que faisait Cyrus. Il alla dans la province de Pharnabaze, pour se rendre de là à la cour de Perse, et pour donner avis à Artaxerxe de ce qui se tramait contre lui. S'il eût pu y arriver, une découverte de cette importance lui aurait immanquablement procuré la faveur d'Artaxerxe, et l'assistance dont il avait besoin pour le rétablissement de sa patrie. Mais les partisans des Lacédémoniens à Athènes, c'est-à-dire les trente tyrans, craignirent les intrigues d'un génie supérieur comme le sien, et avertirent leurs maîtres que leurs affaires étaient perdues, si on ne trouvait le moyen de se défaire d'Alcibiade. Les Lacédémoniens en écrivirent à Pharnabaze, et, par une noire lâcheté qui ne peut s'excuser, et qui montre combien Sparte avait dégénéré de ses anciennes mœurs, ils le pressèrent de les délivrer, à quelque prix que ce fût, d'un ennemi si formidable. Le satrape les servit à leur gré. Alcibiade était pour lors dans une bourgade de la Phrygie, où il vivait avec sa concubine appelée

Timandre *. Ceux qu'on envoya pour le tuer, n'ayant pas eu le courage d'entrer où il était, se contentèrent d'environner la maison et d'y mettre le feu. Alcibiade étant sorti à travers les flammes, l'épée à la main; les barbares n'osèrent l'attendre, ni en venir aux mains avec lui; mais tous, en fuyant et en reculant, l'accablèrent de dards et de flèches : il tomba mort sur la place. Timandre alla ramasser son corps, et l'ayant enveloppé et couvert des plus belles robes qu'elle eût, elle lui fit des funérailles aussi magnifiques que l'état de sa fortune présente le permettait.

Telle fut la fin d'Alcibiade, en qui de grandes vertus étaient étouffées par des vices encore plus grands; et il n'est pas aisé de dire lesquelles de ses bonnes ou mauvaises qualités furent les plus pernicieuses à sa patrie : car par les unes il trompa ses citoyens, et par les autres il les perdit. Il joignait à une grande naissance une valeur distinguée. Il était beau, bien fait, éloquent, habile dans les affaires, insinuant,

* On prétend que Laïs, cette célèbre courtisane qu'on appelait la *Corinthienne*, était fille de cette Timandre.

et propre à charmer tout le monde. Il aimait la gloire, mais sans préjudice à son penchant pour les plaisirs : comme aussi il n'aimait pas les plaisirs jusqu'au point d'oublier le soin de sa gloire. Il savait s'y livrer ou s'en arracher selon la situation où ses affaires se trouvaient. Jamais souplesse d'esprit ne fut égale à la sienne. Il se travestissait avec une facilité incroyable, comme un Protée, dans toutes les formes les plus contraires, et les soutenait d'un air aussi aisé que si chacune lui eût été naturelle.

Ces métamorphoses, par lesquelles il passait selon les occasions, les coutumes des lieux et ses intérêts, montraient un cœur sans principes ni pour la vérité, ni pour la justice. Il ne tenait ni à la religion, ni à la vertu, ni aux lois, ni aux devoirs, ni à la patrie. Il n'avait pour toute règle que son ambition, à laquelle il rapportait tout le reste. Il cherchait à plaire aux hommes, à les éblouir, à s'en faire aimer; mais c'était pour les asservir en les flattant. Il ne les ménageait qu'autant qu'ils lui étaient utiles, et il faisait de la société un trafic, dans lequel il voulait attirer tout à lui.

Sa vie a été un mélange perpétuel de bien et de mal. Ses saillies pour la vertu étaient mal soutenues, et dégénéraient bientôt en vices et en crimes, qui ont fait peu d'honneur aux instructions qu'un grand philosophe s'était efforcé de lui donner pour le rendre homme de bien. Ses actions ont eu de l'éclat, mais sans règle. Son caractère avait de l'élévation et du grand, mais sans suite. Il fut successivement l'appui et la terreur des Lacedémoniens et des Perses. Il fit le malheur et la ressource de sa patrie, selon qu'il se déclara pour ou contre elle. Enfin, il alluma une guerre funeste dans toute la Grèce par la seule passion de dominer, en portant les Athéniens à assiéger à Syracuse, bien moins dans l'espérance de conquérir toute la Sicile et ensuite l'Afrique, que dans le dessein de tenir Athènes dans sa dépendance : persuadé qu'ayant à manier un peuple inconstant, soupçonneux, ingrat, jaloux et ennemi de ceux qui le gouvernent, il fallait l'occuper sans cesse de quelque grande affaire, afin que ses services lui fussent toujours nécessaires, et qu'on n'eût pas le loisir d'examiner, de censurer, de condamner sa conduite.

Il eut le sort que les personnes de son caractère éprouvent ordinairement, et dont ils ne peuvent se plaindre. Il n'aima jamais personne, rapportant tout à lui seul; et il ne trouva point d'amis. Il se fit un mérite et une gloire de jouer tout le monde; et personne aussi ne se fia et ne s'attacha à lui. Il n'avait cherché qu'à vivre avec éclat, et à se rendre maître de tout; et il périt misérablement dans un abandon général, réduit pour toute ressource aux faibles secours et au zèle impuissant d'une femme, qui seule prenait soin de lui rendre les derniers devoirs.

C'est environ dans ce temps-ci que mourut le philosophe Démocrite. Il en sera parlé ailleurs.

§ II. Le conseil des trente que Lysandre avait établi à Athènes y exerçait d'horribles cruautés. Sous prétexte de contenir la multitude dans le devoir et d'arrêter les séditions, ils s'étaient fait donner des gardes, avaient armé trois mille d'entre les citoyens qui leur servaient de satellites, et en même temps avaient ôté les armes à tous les autres. Toute la ville était dans l'effroi et le tremblement. Quiconque s'opposait à leur injustice et à leur violence en devenait la victime. Les richesses étaient un crime, et attiraient à leurs maîtres une condamnation certaine, qui était toujours suivie de la mort et de la confiscation des biens, que les trente tyrans partageaient entre eux. Ils firent mourir, dit Xénophon, plus de gens en huit mois de paix que les ennemis n'en avaient tué en trente ans de guerre.

Les deux plus considérables d'entre les trente étaient Critias et Théramène, qui d'abord avaient été fort unis ensemble, et avaient toujours agi de concert. Ce dernier paraissait avoir de l'honneur et aimer sa patrie. Quand il vit les violences et les cruautés où se portaient ses collègues, il se déclara ouvertement contre eux, et par là s'attira leur haine. Critias devint son plus mortel ennemi, et se porta pour son délateur devant le sénat, l'accusant de troubler l'état, et de vouloir renverser le gouvernement présent. Comme il s'aperçut qu'on écoutait avec silence et avec approbation la défense de Théramène, il craignit que, si on laissait la chose à la disposition du sénat, il ne le renvoyât absous. Ayant donc fait approcher des barreaux la jeunesse qu'il avait armée de poignards, il dit qu'il croyait que c'était le devoir d'un souverain magistrat d'empêcher que la justice ne fût surprise, et qu'il le voulait faire en cette rencontre. « Mais, continua-t-il, puisque la loi ne veut pas qu'on fasse mourir ceux qui sont du nombre des trois mille, autrement que par l'avis du sénat, j'efface Théramène de ce nombre, et le condamne à mort en vertu de mon autorité et de celle de mes collègues. » A ce mot Théramène sautant sur l'autel : « Je demande, dit-il, Athéniens, que mon procès me soit fait conformément à la loi, et l'on ne peut me le refuser sans injustice. Ce n'est pas que je ne voie assez que mon bon droit ne me servira de rien, non plus que la franchise des autels : mais je veux montrer au moins que mes ennemis ne respectent ni les dieux ni les hommes. Je m'étonne seulement que des gens sages comme vous ne voient point qu'il n'est pas plus difficile d'effacer leur nom du rôle des citoyens que celui de

Théramène. » Alors Critias ordonna aux officiers de la justice de l'arracher de l'autel. Tout était dans le silence et dans la crainte à la vue des soldats armés qui environnaient le sénat. De tous les sénateurs, Socrate seul, dont Théramène avait reçu les leçons, prit sa défense, et se mit en devoir de s'opposer aux officiers de la justice. Mais ses faibles efforts ne purent délivrer Théramène, et malgré lui il fut conduit au lieu du supplice à travers une foule de citoyens qui fondaient tous en larmes, et voyaient dans le sort d'un homme également considérable par son zèle pour la liberté et par ses grands services, ce qu'ils devaient craindre pour eux-mêmes. Quand on lui eut présenté la ciguë, c'est-à-dire le poison (c'était la manière dont on faisait mourir les citoyens à Athènes), il le prit d'un air intrépide, et après l'avoir bu, il en jeta le reste sur la table de la façon qui s'observait dans les repas de réjouissance, en disant : *Ceci est pour le beau Critias.* Xénophon rapporte cette circonstance, peu considérable en elle-même, pour faire voir, dit-il, quelle était la tranquillité de Théramène dans ce dernier moment.

Les tyrans, délivrés d'un collègue dont la présence seule était pour eux un reproche continuel, ne gardèrent plus de mesure. Ce ne fut dans toute la ville qu'emprisonnemens et que meurtres: chacun craignait pour soi-même ou pour les siens. Nulle ressource dans une désolation si générale; nulle espérance de recouvrer la liberté. Où trouver autant d'Harmodius * qu'il y avait alors de tyrans? Le découragement avait saisi tous les esprits. Tout le monde déplorait en secret la perte de sa liberté, sans qu'il se trouvât dans la ville aucun citoyen assez généreux pour tenter de rompre ses chaînes. Il semblait que le peuple athénien eût perdu ce courage qui jusque là l'avait toujours fait craindre et respecter par ses voisins et par ses ennemis: ils semblaient même avoir perdu jusqu'à l'usage de la voix, n'osant plus faire entendre les moindres plaintes, de peur qu'on ne leur en fît un crime. Socrate seul demeura intrépide; il consolait les sénateurs affligés, il animait les citoyens ré-

* Harmodius était celui qui avait formé une conspiration pour délivrer Athènes de la tyrannie des Pisistratides.

duits au désespoir, et donnait à tous un exemple admirable de courage et de fermeté, conservant sa liberté, et marchant tête levée au milieu de trente tyrans, qui faisaient tout trembler, mais qui ne purent jamais, par leurs menaces, ébranler la constance de Socrate. Critias, qui avait été son disciple, fut celui qui se déclara le plus ouvertement contre lui, choqué des discours libres et hardis qu'il tenait contre le gouvernement des trente, il alla jusqu'à lui interdire l'instruction de la jeunesse ; mais Socrate, qui ne reconnaissait point son autorité, et qui n'en redoutait point les suites violentes, n'eut aucun égard à une défense si injuste.

Tout ce qu'il y avait alors à Athènes de citoyens un peu considérables, et qui conservaient encore quelque amour de la liberté, sortirent d'une ville réduite à une dure et honteuse servitude, et allèrent chercher ailleurs un asile et un lieu de retraite où ils pussent vivre en sûreté. Ils avaient à leur tête Thrasybule, citoyen d'un rare mérite, et qui sentait avec une vive douleur les maux de la patrie. Les Lacédémoniens eurent l'inhumanité de vouloir ôter cette dernière ressource à ces malheureux fugitifs. Ils défendirent aux villes de la Grèce, par un édit public, de leur donner retraite, ordonnèrent qu'on les livrât aux trente tyrans, et condamnèrent à une amende de cinq talens quiconque s'opposerait à l'exécution de cet édit. Deux villes seules méprisèrent une ordonnance si injuste, Mégare et Thèbes; et cette dernière fit un édit pour punir quiconque, voyant un Athénien attaqué par ses ennemis, ne lui prêterait pas main forte. Lysias, orateur de Syracuse, que les trente avaient exilé, leva à ses dépens cinq cents soldats et les envoya au secours de la patrie commune de l'éloquence.

Thrasybule ne perdit pas de temps. Après avoir pris Phylé, petit port de l'Attique, il marcha vers le Pirée, et s'en rendit maître. Les trente y accoururent aussitôt avec leurs troupes. Il se donna un combat qui fut assez rude; mais, comme les soldats combattaient d'un côté avec force et vigueur pour leur propre liberté, et de l'autre avec mollesse et nonchalance pour la domination d'autrui, le succès ne fut pas douteux, et suivit la bonne cause. Les tyrans furent vaincus. Critias demeura sur la place ; et comme le reste de l'armée prenait la fuite : « Pourquoi, s'écria Thrasy-« bule, me fuyez-vous comme vainqueur, « plutôt que de m'aider comme vengeur « de votre liberté? Vous voyez ici, non des « ennemis, mais des concitoyens. Ce n'est « point à la ville, mais aux trente tyrans « que nous avons déclaré la guerre. » Il les fit souvenir ensuite qu'ils avaient tous même origine, même patrie, mêmes lois, mêmes sacrifices : il les exhorta à avoir compassion de leurs confrères exilés, à leur restituer leur patrie, et à rentrer eux-mêmes en possession de leur liberté. Ce discours fit impression sur les esprits. L'armée, de retour à Athènes, chassa les trente, qui se retirèrent à Élésis, et substitua en leur place dix hommes pour gouverner, qui ne se conduisirent pas mieux que les trente.

Il est étonnant qu'une conspiration contre le bien public, si subite, si universelle, si persévérante, si uniforme, s'empare toujours de ces compagnies qu'on établit pour le gouvernement. On l'a vu dans les quatre cents choisis ci-devant à Athènes :

on l'a vu dans les trente : on le voit dans ces dix. Ce qui augmente l'étonnement, c'est que cette passion tyrannique saisisse, si promptement même des républicains, nés dans le sein de la liberté, accoutumés à vivre dans l'égalité qui en est le fondement, et nourris dans la haine de tout assujétissement et de toute dépendance. Il faut que, d'un côté, il y ait dans le commandement et dans la domination une force bien violente, pour entraîner ainsi tant de personnes, dont plusieurs ne manquaient pas sans doute de sentimens de vertu et d'honneur, et pour les arracher tout d'un coup aux principes et aux mœurs qui faisaient leur caractère naturel ; et que, de l'autre, il y ait dans l'homme un penchant bien furieux à s'assujétir ses égaux et à les dominer avec empire, pour le porter aux derniers excès de violence et de cruauté, et pour lui faire oublier en même temps toutes les lois et de la nature et de la religion.

Les trente, déchus de leur pouvoir et de leurs espérances, députèrent à Lacédémone pour demander du secours. Il ne tint pas à Lysandre, qui y fut envoyé avec des troupes, que les tyrans ne fussent rétablis; mais le roi Pausanias, qui marcha aussi contre Athènes, touché de compassion pour l'état pitoyable où était réduite cette ville autrefois si florissante, eut la générosité d'en favoriser secrètement les citoyens, et enfin leur procura la paix. Elle fut scellée par le sang des tyrans, qui, ayant pris les armes pour se rétablir dans leur domination, et en étant venus à un pourparler, furent tous égorgés, et laissèrent Athènes dans une pleine liberté. Tous les exilés y furent rappelés. Thrasybule alors proposa cette célèbre amnistie par laquelle les citoyens s'engagèrent avec serment à oublier tout le passé. On rétablit le gouvernement tel qu'il était auparavant; on remit en vigueur les lois anciennes, et l'on nomma des magistrats selon la forme ordinaire.

Je ne puis m'empêcher de faire remarquer ici la sagesse et la modération de Thrasybule, si salutaires et si nécessaires après de longs troubles domestiques. C'est un des beaux évènemens de l'antiquité, digne de la douceur des Athéniens, et qui a servi de modèle aux siècles suivans dans les bons gouvernemens.

Jamais tyrannie n'avait été plus cruelle ni plus sanglante que celle dont Athènes venait de sortir. Chaque maison était en deuil, chaque famille pleurait la perte de quelque parent. Ç'avait été un brigandage public, où la licence et l'impunité avaient fait régner tous les crimes. Les particuliers semblaient avoir droit de demander le sang de tous les complices d'une si criante oppression ; et l'intérêt même de l'état paraissait autoriser leurs desirs, pour arrêter à jamais, par l'exemple d'une sévère punition, de pareils attentats ; mais Thrasybule, s'élevant au-dessus de tous ces sentimens par une supériorité d'esprit plus étendu, et par les vues d'une politique plus éclairée et plus profonde, comprit que de songer à punir les coupables ce serait laisser des semences éternelles de division et de haine, affaiblir, par ces dissensions domestiques, les forces de la république qu'elle avait intérêt de réunir contre l'ennemi commun, et faire perdre à l'état un grand nombre de citoyens qui pouvait lui rendre d'importans services dans la vue même de réparer leurs premières fautes.

Cette conduite, après de grands troubles, a toujours paru aux plus habiles politiques le moyen le plus sûr et le plus prompt de rétablir la paix et la tranquillité. Cicéron, voyant Rome partagée en deux factions à l'occasion de la mort de Jules-César, qui avait été tué par les conjurés, rappela le souvenir de cette célèbre amnistie, et proposa d'ensevelir, à l'exemple des Athéniens, dans un éternel oubli tout ce qui s'était passé. Le cardinal Mazarin faisait remarquer à don Louis de Haro, premier ministre d'Espagne, que c'était cette conduite de bonté et de douceur qui faisait qu'en France les troubles et les révoltes n'avaient point de suites funestes, et « que jusque-là elles n'avaient pas encore fait perdre un pouce de terre au roi; » au lieu que la sévérité inflexible des Espagnols « faisait que les sujets qui avaient une fois levé le masque ne retournaient jamais dans l'obéissance que par la force, ainsi qu'il paraît assez, dit-il, par l'exemple des Hollandais, qui sont paisibles possesseurs de plusieurs provinces, qui étaient le patrimoine du roi d'Espagne il n'y a pas encore un siècle. »

Diodore de Sicile, à l'occasion des trente tyrans d'Athènes, dont l'ambition effrénée se porta aux derniers excès contre leurs propres citoyens, fait observer quel malheur c'est pour ceux qui sont dans les premières places, d'être peu sensibles à l'honneur, et de faire peu de cas, soit de ce qu'on pense actuellement d'eux, soit du jugement qu'en doit porter la postérité : car du mépris de la réputation on passe ordinairement à celui de la vertu même. Ils peuvent bien peut-être, par la terreur de leur puissance, étouffer pendant quelque temps la voix publique, et lui imposer un silence forcé ; mais plus elle a été contrainte pendant leur vie, plus après leur mort elle éclate librement en plaintes et en reproches, et plus elle les couvre de honte et d'opprobre. Le pouvoir des trente, dit-il, a été d'une fort courte durée, mais leur infamie sera éternelle : leur mémoire sera en exécration à tous les siècles, et l'histoire ne parlera d'eux que pour rendre leurs noms odieux et pour faire détester leurs crimes. Il applique le même principe aux Lacédémoniens, lesquels, après s'être rendus maîtres de la Grèce par une conduite sage et modérée, sont déchus de cette gloire par la dureté, la hauteur, l'injustice avec laquelle ils traitaient leurs alliés. Il n'y a point de lecteur sans doute que leur basse et cruelle jalousie, à l'égard d'Athènes soumise et humiliée, n'ait révolté, et l'on ne reconnaît point ici la grandeur d'ame ni la noble générosité de l'ancienne Sparte : tant le desir de la domination et de la prospérité ont de pouvoir pour corrompre les hommes même vertueux! Diodore finit sa réflexion par une maxime qui est bien vraie, mais bien peu connue. « La grandeur et la majesté des princes, dit-il (et il en faut dire autant de toutes les personnes constituées en dignité), ne peut se soutenir que par la bonté et la justice à l'égard des sujets : comme au contraire elle se ruine et se détruit par un gouvernement dur et injuste, qui leur attire la haine des peuples. »

§III. Lysandre avait eu la plus grande part aux célèbres exploits qui avaient si fort relevé la gloire des Lacédémoniens. Aussi était-il parvenu à un degré d'autorité et de puissance dont on n'avait point encore vu d'exemple ; mais il se laissa emporter à une présomption et à une vanité plus grandes encore que sa puissance. Il souffrit que les villes grecques lui consacrassent des autels comme à un Dieu, qu'elles lui fissent des sacrifices, et qu'on chantât des hymnes et des cantiques en son honneur. Les Samiens ordonnèrent, par un décret public, que les fêtes qu'ils célébraient en l'honneur de Junon, et qui portaient le nom de cette déesse, seraient appelées les fêtes de Lysandre. Il avait toujours autour de lui une foule de poètes, nation vendue souvent à la flatterie, lesquels chantaient à l'envi ses grands exploits et en étaient richement payés. La louange est due aux belles actions, mais elle ne ternit l'éclat que quand elle est ou excessive ou mendiée.

Cette sorte d'ambition et de vanité, s'il en était demeuré là, n'aurait nui qu'à lui seul, en l'exposant à l'envie et au mépris : mais, ce qui en était une suite naturelle, l'arrogance et la hauteur s'y étaient jointes par les flatteries continuelles de ceux qui l'obsédaient; il poussa l'esprit de domination à un excès insupportable, et ne garda plus de mesures ni dans les récompenses, ni dans les punitions. Les gouvernemens absolus des villes avec un pouvoir tyrannique étaient le fruit de l'amitié ou des liaisons d'hospitalité qu'on avait avec lui; et la mort seule de ceux qu'il haïssait était la fin de son ressentiment et de sa colère, sans qu'il fût possible de se dérober à sa vengeance. On aurait pu mettre sur son tombeau ce que Sylla fit mettre sur le sien, que jamais personne ne l'avait surpassé ni à faire du bien à ses amis, ni à faire du mal à ses ennemis.

La perfidie et le parjure ne lui coûtaient rien pour venir à bout de ses desseins, et il n'était pas moins cruel que vindicatif. Ce qu'il fit à Milet en est une preuve: craignant que ceux qui étaient à la tête du peuple ne lui échappassent, et voulant faire sortir de leur asile ceux qui s'étaient cachés, il jura qu'il ne leur ferait aucun mal. Ces malheureux se fièrent à ce serment et se montrèrent: mais sur-le-champ il les donna à égorger aux nobles, qui les firent tous mourir, quoiqu'ils ne fussent pas moins de huit cents. Le nombre de ceux du parti du peuple qu'il mit à mort dans les autres villes est incroyable; car il ne tuait pas seulement pour satisfaire ses ressentimens particuliers, il servait encore l'inimitié, la haine et l'avarice des amis qu'il avait dans toutes les villes, et leur aidait à les assouvir par la mort de leurs ennemis.

Il n'y avait point d'injustice et de violence que les peuples ne souffrissent sous le gouvernement de Lysandre, sans que les Lacédémoniens, qui en étaient suffisamment informés, se missent en devoir d'y remédier. Il est assez ordinaire à ceux qui sont en place d'être peu touchés des vexations de personnes faibles et sans crédit, et de se rendre sourds à leurs plaintes, quoique l'autorité leur ait été confiée principalement pour la défense des pauvres, qui n'ont point d'autres protecteurs; mais si ces plaintes viennent de la part d'un grand, d'un puissant, d'un riche, de qui l'on peut avoir à craindre ou à espérer, cette même autorité, qui était lente et endormie, devient tout à coup vive et agissante; preuve certaine que ce n'est pas l'amour de la justice qui la met en mouvement. C'est ce qui paraît ici dans la conduite des magistrats de Lacédémone. Pharnabaze, las d'essuyer les injustices de Lysandre, qui pillait et ravageait les provinces où il commandait, ayant envoyé à Sparte des ambassadeurs pour se plaindre des torts qu'il avait reçus, les éphores le rappelèrent. Lysandre étant alors dans l'Hellespont. La lettre des éphores le jeta dans une grande consternation. Comme il craignait surtout les plaintes et les accusations de Pharnabaze, il se hâta de s'expliquer avec lui, dans l'espérance qu'il l'adoucirait et ferait sa paix. Il alla donc le trouver, et le pria d'écrire aux éphores une autre lettre, où il marquerait qu'il était content de lui; mais Lysandre, dit Plutarque, en s'adressant ainsi à Pharnabaze, ignorait ce proverbe*, à fourbe fourbe et demi. Le satrape lui promit tout ce qu'il voulut. En effet, il écrivit devant Lysandre une lettre telle qu'il la pouvait desirer; mais il en avait préparé une autre toute contraire : et quand il fallut la cacheter, comme

* Le proverbe grec est, *Crétois contre Crétois :* fondé sur ce que les Crétois passaient pour les plus grands fourbes et les plus grands menteurs du monde.

ces deux lettres étaient de même grandeur et de même figure, il mit adroitement à la place de la première celle qu'il avait écrite en secret, qu'il cacheta et qu'il lui donna.

Lysandre partit bien content, et étant arrivé à Lacédémone, il alla descendre au palais, où le sénat était assemblé, et rendit aux éphores la lettre de Pharnabaze. Mais il fut étrangement surpris quand il en entendit le contenu, et se retira fort troublé. Peu de jours après il revint au sénat, et dit aux éphores qu'il était obligé d'aller au temple d'Ammon pour s'acquitter des sacrifices qu'il avait voués à ce dieu avant ses combats. Ce pèlerinage n'était qu'un prétexte qui couvrait la peine qu'il avait de vivre en simple particulier à Sparte, et d'y subir le joug de l'obéissance, lui qui jusque-là avait toujours commandé. Accoutumé depuis long-temps au commandement des armées, et aux distinctions flatteuses d'une espèce de souveraité qu'il avait exercée dans l'Asie, il ne pouvait souffrir cette égalité humiliante qui le confondait dans la multitude, ni se réduire à la simplicité d'une vie privée. Ayant obtenu son congé après beaucoup de difficultés, il s'embarqua.

Dès qu'il fut parti, les rois, ayant fait réflexion qu'il tenait dans sa dépendance toutes les villes par le moyen des gouverneurs et des magistrats qu'il y avait établis, et auxquels il avait donné toute autorité, et que par là il était véritablement seigneur et maître de toute la Grèce, travaillèrent à y rétablir le gouvernement du peuple, et à en chasser toutes ses créatures et tous ses amis. Ce changement excita d'abord un grand tumulte. C'est dans ce temps que Lysandre, averti que Thrasybule songeait à rétablir la liberté dans sa patrie, revint en toute diligence à Sparte, et persuada aux Lacédémoniens de soutenir dans Athènes le parti des nobles. Nous avons remarqué ci-devant comment Pausanias, rempli d'un esprit plus équitable et plus généreux, rendit la paix aux Athéniens, et coupa par ce moyen, dit Plutarque, les ailes à l'ambition de Lysandre.

CHAPITRE II.

LE JEUNE CYRUS, SOUTENU DES TROUPES GRECQUES, ENTREPREND DE DÉTRONER SON FRÈRE ARTAXERXE. IL EST TUÉ DANS LE COMBAT. FAMEUSE RETRAITE DES DIX-MILLE.

L'antiquité ne présente guère d'évènemens plus mémorables que ceux dont j'entreprends ici de faire le récit. On voit, d'une part, un jeune prince, rempli d'ailleurs d'excellentes qualités, mais dévoré d'ambition, porter au loin la guerre contre son frère et son souverain, et l'aller attaquer presque dans son propre palais, pour lui arracher en même temps le sceptre et la vie : on le voit, dis-je, tomber mort dans le combat aux pieds de ce même frère, et terminer par une fin si funeste une entreprise également éclatante et criminelle. De l'autre côté, les Grecs qui l'ont suivi, destitués de tout secours après la perte de leurs chefs, sans alliés, sans vivres, sans argent, sans cavalerie ni gens de trait, réduits à moins de deux mille hommes, ne trouvant de ressources qu'en eux-mêmes et dans leur courage, soutenus uniquement par le vif desir de conserver leur liberté et de revoir leur patrie: ces Grecs, avec une fière et intrépide assurance, font leur retraite devant une armée d'un million d'hommes et victorieuse, traversent cinq ou six cents lieues, malgré les plus grosses rivières et des défilés sans nombre; et arrivent enfin dans leur pays à travers mille nations féroces et barbares, vainqueurs de tous les obstacles qu'ils ont rencontrés sur leur route, et de tous les périls que la perfidie cachée ou la force ouverte leur ont fait essuyer.

Cette retraite, selon les bons connaisseurs, et les gens du métier, est l'entreprise la plus hardie et la plus sagement conduite que nous fournisse l'histoire ancienne, et on l'a regardée comme un modèle parfait dans ce genre. Heureusement pour nous elle est décrite dans le dernier détail par un historien non-seulement témoin oculaire des faits qu'il rapporte, mais qui a été le principal mobile et l'ame de cette grande entreprise. Je ne ferai que l'abréger, et comme en cueillir la fleur : mais je ne puis m'empêcher d'exhorter les jeunes gens destinés à la profession des armes à consulter eux-mêmes l'original, dont nous avons une bonne traduction, quoique bien éloignée de la beauté du texte primitif. Il est difficile qu'ils rencontrent un maître plus habile que Xénophon pour le métier de la guerre; et je puis bien lui appliquer ici ce qu'Homère dit de Phénix, gouverneur d'Achille : qu'il était également en état de former son disciple et pour la parole et pour l'action.

§ I. (Av. J.-C. 404.) Nous avons déja dit que Cyrus le jeune, fils de Darius Nothus et de Parysatis, voyait avec peine sur le trône Artaxerxe son frère aîné; et que, dans le moment même que celui-ci était près d'en prendre possession, il avait entrepris de lui ôter en même temps le sceptre et la vie. Artaxerxe sentit bien ce qu'il avait à craindre d'un frère hardi, entreprenant, ambitieux; mais il ne put refuser sa grace aux prières et aux larmes de Parysatis sa mère, qui aimait passionnément ce cadet. Il le renvoya donc en Asie dans son gouvernement, en lui confiant, contre toutes les règles de la politique, une autorité absolue sur les provinces que le roi lui avait laissées par son testament.

(Av. J.-C. 403.) Dès qu'il y fut arrivé, il songea sérieusement à se venger de l'affront qu'il prétendait avoir reçu de son frère, et à le détrôner. Il recevait avec bonté et affabilité tous ceux qui venaient de la cour de son frère, pour les détacher insensiblement du service du roi et se les attacher. Il gagnait aussi le cœur des barbares qui étaient sous sa conduite, se familiarisant avec eux, et se mêlant avec le soldat, mais sans que la dignité de commandant en souffrît; et il les formait par différens exercices au métier de la guerre. Il s'appliqua surtout à lever secrètement en divers endroits, sous différens prétextes, des troupes grecques, sur lesquelles il comptait beaucoup plus que sur celles des barbares. Cléarque se retira auprès de lui après avoir été banni de Lacédémone, et il lui fut d'un grand secours : c'était un capitaine habile, expérimenté, et plein de courage. (Av. J.-C. 402.) Dans le même temps plusieurs villes du gouvernement de Tissapherne s'étant soustraites à son obéissance, se donnèrent à Cyrus. Cet incident, qui ne fut point un effet du hasard, mais des intrigues secrètes de Cyrus, alluma la guerre entre eux. Cyrus, sous prétexte d'armer contre Tissapherne, assembla plus ouvertement des troupes ; et, pour mieux éblouir la cour, il y envoya de grandes plaintes au roi contre ce gouverneur, et lui demandait de la manière la plus humble sa protection et du secours. Artaxerxe y fut trompé. Il crut que tous les préparatifs de Cyrus ne regardaient que Tissapherne, et, persuadé qu'il n'avait rien à craindre pour lui-même, il demeura tranquille.

Cyrus sut bien profiter de l'imprudente sécurité et de la molle nonchalance de son frère, laquelle était regardée par plusieurs comme une marque de douceur et d'humanité. En effet, au commencement de son règne, il parut imiter la bonté du premier Artaxerxe, dont il portait le nom; car il se montrait doux et affable à ceux qui l'approchaient ; il honorait et récompensait magnifiquement tous ceux qui l'avaient mérité par leurs services : quand il ordonnait des punitions, il en retranchait toujours l'outrage et l'insulte; et quand il faisait des presens, c'était toujours avec un air gracieux et des manières obligeantes, qui en relevaient infiniment le prix, et qui montraient qu'il n'était jamais plus content que quand il pouvait faire du bien à ses sujets. A toutes ces rares qualités il aurait dû en ajouter une qui n'est pas moins royale, et qui l'aurait mis en garde contre les entreprises d'un frère dont il devait connaître le caractère : je veux dire une sage prévoyance, qui pénètre dans l'avenir, et qui rend un prince attentif à prévenir ou à dissiper tout ce qui peut troubler le repos de l'état.

Les émissaires que Cyrus avait à la cour ne cessaient de répandre dans le public des discours qui préparaient les esprits au changement et à la révolte. Ils disaient que les affaires demandaient un roi tel que Cyrus, magnifique et libéral, qui aimât la guerre, et qui comblât de biens ses serviteurs; et que la grandeur de l'empire avait besoin d'un roi plein d'ambition et de courage pour en soutenir et en augmenter l'éclat.

FIN DU DIXIÈME VOLUME.

TABLE DES MATIÈRES

CONTENUES

DANS LE TOME DIXIÈME.

LIVRE NEUVIÈME.

FIN DE LA TABLE DU DIXIÈME VOLUME.

www.ingramcontent.com/pod-product-compliance
Ingram Content Group UK Ltd.
Pitfield, Milton Keynes, MK11 3LW, UK
UKHW021056230726
13926UKWH00004B/1877